AF589940

La Faculté n'entend donner aucune approbation ni improbation aux opinions émises dans les thèses ; ces opinions doivent être considérées comme propres à leurs auteurs.

FACULTÉ DE DROIT DE L'UNIVERSITÉ DE PARIS

LE DROIT
DES
GENS MARIÉS
DANS LA
COUTUME DE LA MARCHE

THÈSE POUR LE DOCTORAT

L'ACTE PUBLIC SUR LES MATIÈRES CI-APRÈS
SERA PRÉSENTÉ ET SOUTENU LE JEUDI 22 FÉVRIER 1900, A 10 HEURES

Par **Gabriel FONTAINE**

Président : M. LEFEBVRE, *professeur*.

Suffragants MM. CHÉNON, *professeur*.
AMBROISE COLIN, *professeur*.

PARIS
IMPRIMERIE ADMINISTRATIVE Vve JOUSSET
8, rue de Furstenberg, 8

1900

A LA MÉMOIRE DE MA MÈRE

A MON PÈRE

A MA GRAND-MÈRE

A MA SŒUR

INTRODUCTION

Si l'homme restait toujours et partout semblable à lui-même, il y aurait un Droit universel et immuable qui régirait les sociétés. Mais il est, au contraire, en même temps que « sociable », un « être ondoyant et divers » auquel les lois doivent pouvoir s'appliquer utilement, c'est-à-dire de façon à atteindre leur but, qui est le bien-être de la société, en imposant, dans la mesure de l'utilité sociale, la plus grande somme de justice possible.

Deux causes contribuent principalement à faire varier le Droit : L'homme lui-même, à raison de sa nature qui change avec les temps et les lieux, et auquel la loi doit s'adapter utilement. Et en second lieu, la conception de la justice et de l'utilité sociale que se fait le législateur et dont il traduira les principes généraux en textes positifs.

Cependant toutes les législations, relativement à ce que l'on appelle les « Choses, Res » présentent de nombreux points d'analogie, respect du droit de propriété, et pour le maître de la chose, droit exclusif d'en user d'une façon discrétionnaire (sous certaines réserves de détail). Cette brève formule inspire presque toutes les dispositions de loi concernant les biens. C'est qu'elle est l'application directe de ce principe que l'homme a des besoins, que les choses ont été créées pour satisfaire ses besoins et qu'il peut en tirer toute l'utilité possible.

Il en va autrement en ce qui concerne le Droit des personnes. La question se pose en ces termes :

Quels sont les pouvoirs qu'un individu peut exercer sur d'autres individus et qu'il tient de l'alliance ou des liens du sang (par là j'exclus ceux qu'il tiendrait de la loi, comme l'esclavage et la tutelle, ou de l'individu même sur qui s'exerce son autorité, en vertu d'une obligation) ?

Et d'autre part, à quelles obligations est-il tenu vis-à-vis des personnes soumises à sa puissance?

C'est la théorie des droits de famille, c'est-à-dire des rapports des conjoints vis-à-vis l'un de l'autre et des parents avec les enfants.

Ici les changements sont profonds et nombreux. Si l'homme est ondoyant et divers, il y a cependant un fonds immuable, l'attrait naturel et réciproque de l'homme et de la femme, l'amour des parents pour les enfants.

A quel titre l'État intervient-il dans la détermination des droits de famille? Pour protéger les faibles d'une part; c'est une considération de justice.

Mais, d'autre part, la famille forme des citoyens ; il a donc le droit d'intervenir pour leur éducation (loi sur l'instruction obligatoire, loi sur la déchéance de la puissance paternelle). C'est le droit d'intervention de l'État dans les rapports entre parents et enfants.

Les droits respectifs des conjoints intéressent la société, au point de vue de la bonne administration des biens, par exemple, qui doit être remise entre les mains de celui qui est le plus capable de gérer ; ou encore au point de vue de la conservation des biens dans la famille.

On peut donc dire que l'État, confiant dans un sentiment d'affection et respectueux de l'ordre naturel des choses qui donne au plus fort autorité et droit de protection sur le plus faible, concède au mari sur la femme, aux parents sur les enfants, des pouvoirs absolus, en principe, limités seulement par certaines régles de justice et son souci de l'intérêt social. Ces limitations se traduisent par les droits qu'il accorde à la femme et aux enfants.

Si tel est le principe qu'il s'agira de traduire en formules positives, les causes qui feront varier la législation sur le point qui nous occupe peuvent se ramener à deux : la conception de justice que se fera le législateur, la conception du bien social et des droits respectifs de l'État et de l'individu.

Et d'abord le pouvoir du chef de famille est limité par certaines régles de justice, l'État devant protéger les faibles.

C'est une notion très variable, qui a oscillé du droit de vie et de mort accordé par la très ancienne loi romaine, à la protection si étendue que la loi actuelle accorde à la femme et aux enfants, sous forme de recours possible au divorce et à la déchéance de la puissance paternelle.

D'après ce premier aperçu, il est visible que sur nul autre point la législation n'a dû subir des modifications aussi radicales, les conceptions philosophiques de justice, les idées sur les droits respectifs de l'État et de l'individu étant dans un perpétuel mouvement.

Par là s'explique l'intérêt que présente l'étude des droits de famille; tandis que la législation des biens est restée figée dans l'immobilité, parce qu'elle ne fait que traduire le principe presque immuable que nous avons énoncé plus haut, les droits sur les personnes, expression des systèmes philosophiques les plus variables et de théories morales subordonnées à toutes les influences de race,de tempérament, de climat, permettent de pénétrer dans le plus intime de l'âme des peuples.

Nous prétendons traiter des droits des personnes dans la Coutume de la Marche et de l'Auvergne, en bornant nos recherches à l'étude des quatre grandes institutions Coutumières : le Douaire, l'association conjugale ou Communauté, la Puissance maritale, le Don mutuel. Et, dans ces recherches, nous arrêterons principalement notre attention sur les éléments coutumiers de ces institutions qui, eux, forment notre droit traditionnel, original. Tout ce qui est emprunté au droit romain ne peut nous intéresser qu'accessoirement.

Nous prétendons appliquer à l'étude de ces Coutumes les idées générales professées par M. Lefebvre dans son cours de 1897-1898.

Qu'il veuille bien accepter à ce propos l'hommage de notre reconnaissance pour sa direction et pour ses encouragements.

HISTORIQUE

DE LA COUTUME DE LA MARCHE

Au mois d'avril 1453, Charles VII rendit l'ordonnance de Montilz-lès-Tours.

« Nous voulons, était-il dit, dans l'article 125, abréger les procès et litiges d'entre nos subjects et les relever de mises et dépens et mettre certaineté es jugemens tant que faire se pourra et oster toutes matières de variations et contrariétez ; ordonnons.... que les coutumes, usages et stiles de tous les pays de notre royaume soyent rédigez et mis en escrit.... Et prohibons et défendons à tous les avocats de notre royaume qu'ils n'allèguent ni proposent autres coutumes, usages et stiles que ceux qui seront escriptz..., accordez et decretez comme dict est et enjoignons audicts juges qu'ils punissent et corrigent ceux qui feront le contraire et qu'ils n'aient ni reçoivent aucunes personnes à alléguer, proposer le contraire ».

En exécution de cette ordonnance on se mit à l'œuvre et, dans le courant du XVIe siècle, presque toutes les provinces furent pourvues de Coutumes. Le résultat de ce travail fit constater un ensemble de législations particulières passablement variées.

Si dans l'ensemble il était possible de saisir quelques traits généraux de ressemblance, dès que l'on arrivait aux détails, les différences allaient en se multipliant et s'accentuant. N'étant point tirées de la conception du Droit que se fait une législation unique, ces Coutumes étaient le résultat de toutes les influences qui peuvent donner à un groupe une certaine idée de la justice et de l'utilité sociale, influences variables suivant les lieux.

Cependant trois grands courants d'idées marquèrent d'une empreinte particulièrement profonde l'âme de notre peuple encore enfant : Les traditions germaniques, la religion chrétienne et le droit romain. Les deux premiers se firent sentir surtout dans le nord, le dernier au sud, ce qui divisa la France en pays coutumier et pays de droit écrit.

Ce sont les législations de pays coutumier qui doivent avant tout arrêter nos regards parce qu'elles forment un Droit original et non emprunté comme celles de Droit écrit. Or, elles se caractérisent par quatre institutions :

Le douaire ;

La communauté ;

La puissance maritale ;

Le don mutuel.

A l'exception de la communauté, nous retrouvons ces institutions dans la Coutume de la Marche et nous prétendons en retracer les traits particuliers. Mais au cours de cette étude nous avons été amené à constater à chaque pas qu'un rapprochement s'imposait entre notre Coutume et celle de l'Auvergne.

Souvent les Commentaires eux-mêmes, dans leurs développements, réunissent les législations de ces deux provinces qui présentent en vérité de frappantes analogies.

Nous prétendons dans l'exposé de la Coutume de la Marche rapprocher autant que faire se pourra ses principes de ceux de l'Auvergne.

Mais avant d'aborder le contenu même de cette Coutume, il convient de rappeler les différentes phases politiques par lesquelles a passé la Marche et d'exposer en quelles circonstances fut rédigée la Coutume.

« L'époque la plus assurée, dit le Commentaire de la Coutume, est qu'Audibert de Charroux possédait cette comté et ne laissa qu'une fille unique, qui fut mariée avec Hugues de Lusignan, fils de Hugues le Brun. »

Le dernier titulaire dans cette famille fut Guy de Lusignan ; il en disposa par testament en faveur de Philippe le Bel, roi de France, en 1307. Notre province ne demeura point dans le domaine royal, et Philippe la donna à Charles de France, lequel la fit ériger en pairie par son frère Philippe le Long, et après la mort de celui-ci il l'échangea contre la comté de Clermont appartenant à Louis de Bourbon (27 décembre 1327).

La province de la Marche resta aux mains de la famille de Bourbon jusqu'à Éléonore de Bourbon « fille et unique héritière de Jacques, qui, par son mariage avec Bernard d'Armagnac, lui en transféra le titre et la possession et ensuite à Jacques d'Armagnac, leur fils ».

Ce prince fut accusé de crime de lèse-majesté; condamné à avoir la tête tranchée, ses biens furent confisqués et de la sorte revenus aux mains du roi.

« Le roi Louis XI disposa de cette comté-pairie en faveur d'Anne de France, mariée à Pierre de Bourbon, seigneur de Beaujeu, dont il vint une fille nommée Suzanne qui épousa Charles de Bourbon, lequel avait les titres de duc de Bourbonnois et d'Auvergne. Ce fut du temps de ladite Anne de France, comtesse de la Marche et dudit Charles de Bourbon, son gendre, qu'en vertu de lettres patentes, par eux obtenues du roi François Ier, les nouvelles Coutumes de Bourbonnois et de la Marche furent rédigées telles qu'elles se trouvent à présent par des commissaires du Parlement de Paris nommez et autorisez à cet effet par lesdites lettres patentes. »

« Anne de France, comtesse de la Marche, ayant survécu Suzanne, sa fille, elle fit des dispositions par lesquelles elle fit passer ladite comté-pairie de la Marche en la personne dudit Charles de Bourbon, son gendre. Mais celui-ci s'étant mal comporté et ayant pris les armes contre le roy, il fut poursuivi comme criminel de lèse-majesté et, par arrêt de l'an 1527, ses biens furent confisqués au profit du Roy qui, par sa déclaration du 22 septembre 1531, réunit à perpétuité à sa couronne la comté-pairie de la Marche et elle n'en a plus été désunie (1). »

(1) Préface du *Commentaire de la Coutume.*

LA RÉDACTION

DE LA COUTUME DE LA MARCHE (1)

Le procédé usité, pour constater la Coutume transmise de génération en génération, était l'enquête *per turbas*.

On s'en servait auparavant pour arriver à connaître les règles de droit que pouvait soulever un procès. Naturellement, les témoins étaient choisis parmi les praticiens; la réunion de quelques-uns d'entre eux constituait une *Turbe ;* au cours d'une enquête plusieurs *Turbes* étaient entendues.

En 1501, une première tentative fut faite pour la rédaction de la Coutume. Le seigneur de la Borne, sénéchal de la Marche convoqua une assemblée à Guéret qui délibérerait pour savoir comment faire « pour obtenir les provisions nécessaires pour le faict des Coustumes ».

Cette tentative ne fut suivie d'aucun résultat.

En 1516, Anne de France, duchesse de Bourbonnais et d'Auvergne, comtesse de la Marche, fit une seconde tentative qui aboutit à la rédaction de 1521.

(1) Tout ce chapitre est tiré de la savante étude que M. Lacrocq, avocat à Guéret, a consacre à la matière; je le remercie de me l'avoir communiquée.

« Le 14 janvier 1516, elle adressa du château de Montluçon des lettres patentes à Jean Barthon, évêque de Lectoure et chancelier de la Marche, Guillaume Barthon, abbé du Dorat, Jean de Colonges, lieutenant général d'Auvergne, Jean de la Fourest-Mauvoysin, protonotaire apostolique et maître des requêtes du connétable de France et Jean Bonnet, auditeur des comptes à Moulins, qui étaient les commissaires choisis par elle pour la rédaction des Coutumes (1).

« Le plan du travail auquel devront se livrer les commissaires est nettement tracé.

« Ils appelleront le sénéchal de la Marche ou son lieutenant, les avocats, les procureurs, les trésoriers généraux et autres notables personnages. Après avoir « débattu sur les diversités des Coutumes », ils les diviseront par articles en suivant un ordre logique de matières, et les feront mettre par écrit. Ce projet définitivement arrêté, des commissaires se transporteront dans chacune des châtellenies du Comité. Là, ils réuniront les officiers locaux, les barons, les seigneurs justiciers, les gens d'Église, les consuls des villes et communautés, et on procédera à une nouvelle discussion des articles en présence de ces représentants des divers ordres. On distinguera ceux des articles sur lesquels l'accord se sera établi et ceux qui resteront « en différend ». Le projet sera ensuite soumis aux États généraux de la province convoqués devant les commissaires qu'il plaira au roi de nommer. Le projet définitivement établi recevra la consécration officielle et les Coutumes seront

(1) La Rédaction de *la Coutume de la Marche*, par L. Lacrocq.

autorisées. Quant aux frais occasionnés par les diverses réunions, ils seront prélevés sur la somme de 1,000 livres tournois votées par les États pour cette destination. A chacun de ceux qui se seront déplacés on allouera la somme d'usage en pareil cas (1). »

C'est le 1er octobre 1516 que se tint la première réunion, et les assistants prêtèrent serment de « bien et loyalement conseiller madicte dame et dire leur advis et opinion des coustumes qu'ils auraient veu praticquer et de ce que leur paraîtrait raisonnable ».

Chose intéressante, le procès-verbal de la séance mentionne un vieux Coutumier de la province, qui doit être lu, afin, je pense, de servir de plan pour la discussion des articles.

« Et ce fut advisé que l'on liroyt un vieil Coustumier ou que l'on dict plusieurs Coutumes de la Marche être insérées et les articles dudict livre débattus, enregistrés ceux qui seraient accordés. »

Les États de la Marche s'assemblèrent à Guéret devant les commissaires royaux, le 27 avril 1521, en la maison de Pierre Barthon, écuyer, seigneur de Montbas.

Nous ne retracerons pas les débats que soulevèrent les articles proposés. Disons seulement que, lecture faite de ces articles, les commissaires déclarèrent la Coutume formée, sauf toutefois les Coutumes nouvelles, qui ne pouvaient être autorisées que par le roi. François Ier accorda cette autorisation par lettres patentes du 13 mars 1521, enregistrées au Parlement le 20.

(1) La Rédaction de *la Coutume de la Marche*, par L. Lacrocq.

Le premier commentaire qui fut fait de la Coutume est, croyons-nous, celui de Nicolas Caillet; l'édition est de 1573. Il est d'ailleurs assez incomplet.

Le Commentaire le plus solide et le plus étendu est celui que fit Jean Regnauld, lieutenant criminel à Guéret. Il n'a malheureusement jamais été imprimé: c'est à lui que nous avons eu recours le plus souvent.

Voici maintenant la nomenclature des communes et cantons dans lesquels la Coutume était applicable.

Dans la circonscription qui a formé l'arrondissement de Guéret.

Les cantons de Dun, de Bonnat, de Guéret et d'Ahun.

Et de plus les communes suivantes: celle de Fleurat dans le canton de Grand-Bourg, de Bazelat, et de Saint-Germain-Beaupré dans celui de la Souterraine; d'Anzème, la Brionne, Bussière-Dunoise, Saint-Léger, Saint-Sulpice-le-Guérétois dans le canton de Saint-Vaury.

Dans la circonscription qui a formé l'arrondissement de Boussac :

Le Canton de Chatelus, sauf les communes de Betête, la Cellette, Tercillat et Nouziers en partie, qui appartenait au Berry.

Dans le canton de Chambon, les deux communes de Saint-Julien-le-Châtel, et Saint-Loup-les-Landes.

Dans le canton de Jarnages, les communes de Blandeix, Rimondeix, Gouzougnat, les Forges, Jarnages, Parsac, Pierrefitte.

Dans la circonscription qui a donné l'arrondissement d'Aubusson :

Le canton d'Aubusson.

Le canton de Felletin sauf les communes de Saint-Yrieix-la-Montagne et Vallières.

Le canton de Saint-Sulpice-les-Champs.

Le canton de Gentioux, sauf Saint-Marc-à-Loubaud, et la Nouaille.

Dans le canton de Bellegarde, les communes de Bosroger, Champagnat, la Chaussade, Saint-Domet.

Le canton de Chénerailles tout entier, sauf les communes de Chauchet et de la Serre-Bussière-Vieille.

Dans le canton de Crocq, deux communes: La Celle-Barmontoise et Saint-Pardoux-d'Arnet.

Le canton de la Courtine, sauf quelques parties de communes situées en Franc-Aleu ou en Limousin.

Dans l'arrondissement de Bourganeuf :

Dans le canton de Bénévent, deux communes, Augères et Azat-Chatenêt.

Dans le canton de Bourganeuf, les communes entières de Mansat, Saint-Martin, Sainte-Catherine, Saint-Pierre-Chérignat, plus une partie des communes de Bosmoreau, Saint-Dizier et Montboucher.

Dans le canton de Pontarion, les communes de Saint-Éloi, Janaillat, Sardent, Thauron, et de plus une partie de celles de Vidaillat, Saint-Georges-la-Pouge, la Chapelle-Saint-Martial.

Dans le canton de Royères: le Monteil-en-Vicomte et Saint-Pierre-de-Bost; distraction faite de cette dernière commune de l'ancienne paroisse de Compeix qui dépendait du Limousin.

LE DOUAIRE

Le mariage avait pris en France des traits bien différents de ceux qu'il avait à Rome. Il était devenu une association tout intime d'intérêts et d'existence, sous la double influence d'une religion plus soucieuse de la dignité de la femme et des traditions germaniques qui proscrivaient, au moins pour le peuple, la polygamie. Il est vrai que Tacite, notre principal auteur sur la question, est très discuté aujourd'hui.

On lui reproche d'avoir systématiquement mis en lumière les beaux côtés du tableau et laissé dans l'ombre les caractères fâcheux. Et, notamment, si les Germains, dit-on, ne possédaient en général qu'une seule épouse, c'est que toutes les fois qu'ils en voulaient prendre une nouvelle, ils faisaient mourir l'ancienne.

Il est hors de doute que Tacite n'a pas écrit un livre « de bonne foy » et qu'il a entendu soutenir une thèse, ce qui l'a fait tomber, volontairement ou non, dans toutes les exagérations que comporte l'entreprise. Il a voulu opposer à la vie corrompue de Rome un état social plus moral, dans le dessein de prévenir ses concitoyens du danger politique qu'ils pouvaient avoir à redouter de ce côté et de leur offrir un modèle à imiter.

Mais, une fois mises de côté ces exagérations, il n'en reste pas moins acquis que les sentiments de famille étaient beaucoup plus développés chez les Germains qu'à Rome, et qu'il faut rapporter à des motifs de cet ordre bien des institutions que le génie romain, trop exclusivement préoccupé des intérêts positifs et matériels, n'aurait jamais connues. Le douaire est du nombre.

Définition.

C'était à partir du XIIIe siècle un droit viager conféré aux veuves dans certains immeubles de leur défunt mari ; Beaumanoir lui donne le nom de *viage*. Bien qu'il ait été considéré après le XIIIe siècle comme un usufruit, la notion classique de l'*usus* et du *fructus* ne suffirait pas ici, car cette jouissance était dignitaire autant que fructueuse.

Cette institution, on le voit, était conçue comme une sorte de protection d'outre-tombe. Pendant la vie du mari, sa femme avait partagé son existence, *son train de maison*, pour employer une expression moderne, elle lui avait emprunté son rang social. Il ne fallait pas qu'après sa mort rien ne lui restât de sa condition d'épouse. De là le douaire. On voit nettement son objet.

Comment ce principe de justice fut-il traduit en lois positives chez les Germains d'abord, en France et particulièrement dans la Marche ensuite ?

Chez les Germains.

La première manifestation pratique de cette idée, nous la trouvons chez les Germains sous forme de dons (1) que le mari faisait à sa femme.

Les Francs adoptèrent l'idée, mais en modifiant son application.

Tandis que les Germains avaient admis deux sortes de dons, la Dos et le Morgengabe, ils fondirent ces deux institutions en une seule.

Les Germains faisaient porter la Dos tant sur les meubles que sur les immeubles ; les Francs restreignaient le douaire aux choses immobilières. Cela vient de la différence du régime de propriété : comment les Germains auraient-ils pu imposer au mari l'obligation de ne transmettre à sa veuve qu'un droit sur les immeubles, alors que ces biens pouvaient seulement faire l'objet d'une copropriété indivise, et que, très probablement, le propriétaire devait s'astreindre à exécuter lui-même les pénibles travaux qu'exige la culture du sol ? Au contraire la propriété immobilière était connue chez nous dès l'époque franque, les formules de Marculfe en font foi. Et il était tout naturel d'exclure les meubles de la convention de douaire, puisqu'ils ne tardèrent pas à tomber dans la communauté.

Tandis que chez les Germains la Dos consistait dans un transfert immédiat de propriété, le douaire fut chez

(1) Mentionnés par Tacite.

les Francs un droit viager qui s'exerçait seulement après la mort du mari et ne constituait qu'un usufruit.

Cela vient de ce que, chez les Germains, le Morgengabe était fait, moins par prévoyance, que par gratitude pour la jeune fille qui avait fait don à son mari de sa virginité. Il est probable également que la notion de l'usufruit paraissait trop compliquée à ce peuple primitif, et que d'ailleurs la propriété était trop incertaine pour qu'un tel droit pût être utilement constitué.

Voici quel était le cérémonial usité chez les Germains, tel qu'il est décrit par Augustin Thierry (1).

« Galeswinthe se fit remarquer durant les fêtes de son mariage par la bonté gracieuse qu'elle témoignait aux convives.... tous l'assuraient de leur dévouement en lui souhaitant une longue et heureuse vie. Ces vœux, qui ne devaient point se réaliser pour elle, l'accompagnèrent jusqu'à la chambre nuptiale, et le lendemain, à son lever, elle reçut le *présent du matin*, avec le cérémonial prescrit par les coutumes Germaniques. En présence de témoins choisis, le roi Hilpérik prit dans sa main droite la main de sa nouvelle épouse, et de l'autre il jeta sur elle un brin de paille en prononçant à haute voix le nom de cinq villes qui devaient à l'avenir être la propriété de la reine. L'acte de cette donation perpétuelle et irrévocable fut aussitôt dressé en langue latine; il ne s'est point conservé jusqu'à nous; mais on peut en reproduire jusqu'à un certain point la teneur d'après les formules consacrées et le style usité dans les autres monuments de l'époque mérovingienne. »

(1) *Récits des temps Mérovingiens*, 1er récit.

« Puisque Dieu a commandé que l'homme abandonne père et mère pour s'attacher à sa femme et qu'on ne sépare point ceux que le Seigneur a unis, moi, Hilpérik, roi des Francs, homme illustre, à toi, Galeswinthe, ma femme bien-aimée, que j'ai épousée suivant la loi salique, par le sou et le denier, je donne aujourd'hui, par tendresse d'amour, sous le nom de dot et de morgane-ghiba, les cités de Bordeaux, Cahors, Limoges, Béarn et Bigorre avec leur territoire et toute leur population. Je veux qu'à compter de ce jour tu les tiennes et possèdes en propriété perpétuelle et je te les livre, transfère et confirme par la présente charte comme je l'ai fait par le brin de paille et par le handelang. »

Ce cérémonial résume bien quelques-uns des traits de l'institution chez les Germains. Mais, de ce qu'elle est devenue institution de prévoyance, en passant chez les Francs, il ne faut pas conclure qu'elle ait complètement perdu son caractère de don de gratitude. Longtemps après, dans le Commentaire de Jean Regnauld sur la Coutume de la Marche, on lit à propos du douaire : « Il y en a qui tiennent le douaire pour une cause onéreuse *cum ob causam matrimonii et deflorati pudoris compensationem tribuatur*, et l'appellent *præmium ou pretium deflorati pudoris*, et communément *pretium pudicitiæ*. »

Ainsi donc au XIIIe siècle et plus tard le douaire se présente en France comme une institution destinée à permettre à la veuve de conserver le rang qu'elle tenait de son mari, institution toute de tendresse et de prévoyance.

Dans la Coutume de la Marche, il n'y a qu'un seul article qui lui soit relatif.

« En la Marche, la femme n'emporte aucun douaire, soit noble, soit roturière, sinon qu'il soit convenu au traité de mariage. »

Le douaire, en effet, de conventionnel qu'il était primitivement, avait été érigé en obligation, et, dans presque toutes les provinces, il était légal; s'il faut en croire Beaumanoir, cette réforme date de Philippe-Auguste.

C'est que, quand une convention est devenue de style, elle se supplée volontiers et le droit la consacre pour le cas de silence des parties; — à plus forte raison, quand cette convention est considérée comme l'accomplissement d'un devoir. Or, tel était sans nul doute le sentiment germanique, jusqu'à ce que la loi Ripuaire vînt établir subsidiairement la dos *ex marito*. L'adhésion et l'intervention de l'Église ne devaient que la fortifier. L'Église y sympathisa de suite, et bien plutôt qu'à la dos romaine. Pas un mariage sans une dos *ex marito*. Telle est l'idée qui fut développée dans le texte du livre VII, Ch. 179 des Capitulaires : « *Eam sponsare et legitime dotare debet*. » Le prêtre fut donc chargé d'intervenir, et même, il avait mission de refuser la bénédiction nuptiale à qui n'avait pas rappelé le douaire de sa femme. Moitié des immeubles du mari, telle était la quotité ordinaire; dans les Coutumes de l'Ouest, toutefois (Anjou, Maine, Normandie), le douaire était fixé au tiers.

Dans la Marche, peut-être à cause de sa situation qui donnait accès à l'influence du droit romain plutôt qu'aux traditions germaniques, il ne se trouve rien de semblable : le douaire est prévu et permis, rien de plus. En Auvergne, il n'est pas même mentionné, et s'il peut s'introduire, c'est à la faveur de la très grande liberté qui est laissée aux époux dans leur contrat de mariage. C'est donc à la jurisprudence qu'il faut s'adresser pour connaître le régime du douaire dans notre province.

Toutes les fois qu'un mariage est conclu par un individu dont le domicile se trouve actuellement dans la Marche, il n'y a pas lieu à douaire légal ; on peut seulement en consentir par convention. Si dans un pays il y a douaire légal en même temps que douaire conventionnel, la femme doit s'en tenir à ce dernier « parce qu'il déroge au coutumier ».

Une fois constitué, comment le douaire va-t-il s'ouvrir ?

Il faut d'abord remarquer que, tandis qu'à Paris la femme était de plein droit saisie de son douaire, dans la Marche, au contraire, elle devait en demander la délivrance.

Ceci dit, le douaire ne s'ouvre que par la mort naturelle du mari, et point par la mort civile, laquelle fait réputer l'homme mort uniquement en ce qui concerne la faculté de succéder, de contracter ou de faire aucun acte civil. Même solution en ce qui concerne les religieux profès.

En principe, la femme doit donc attendre pour jouir de son douaire la mort naturelle de son mari. Toutefois, et par exception, s'il y a séparation de corps prononcée contre le mari, la femme peut obtenir une pension sur ses biens en attendant l'ouverture du douaire.

Régulièrement, une fois la femme en possession de son douaire, elle en jouissait jusqu'à sa propre mort, sauf la déchéance qui la frappait dans deux cas : adultère de la femme ou abandon du mari par la femme. C'est le droit commun et c'était, paraît-il, le droit de la Marche.

De plus, on avait envisagé l'hypothèse où la dot promise par la femme n'aurait pas été payée. Pourra-t-elle néanmoins réclamer son douaire? La question était controversée. Dumoulin notamment tenait pour la négative. Il y avait là une cause possible de déchéance.

La femme pouvait-elle renoncer à son douaire une fois constitué, durant le mariage? Non, évidemment. Une semblable renonciation aurait été une libéralité faite à son mari dans le cours du mariage, chose que la Coutume défendait expressément.

Telles sont les solutions de jurisprudence qui complètent l'article 286 de la Coutume de la Marche. Quant à celle de l'Auvergne, aucun article ne lui est relatif, mais les parties avaient la liberté d'insérer une clause de ce genre dans le contrat de mariage.

Il est probable que si ces Coutumes n'ont point fait du douaire une obligation, cela tient à l'influence que le droit romain y avait, dès alors, conquise. Nous avons déjà dit que son génie sec et positif ne connaissait guère les motifs de sentiment et ne les présumait pas chez les individus; de là vient qu'on s'est borné à accorder une simple faculté sans imposer une obligation. Ce système, à la fin de notre ancien droit, et probablement à la suite des idées romaines, tendit à se généraliser partout en France.

PUISSANCE MARITALE

Nous avons à examiner l'association conjugale ou communauté et la puissance maritale. Mais, ni dans la Coutume de la Marche, ni dans celle d'Auvergne nous ne trouvons trace de la première; aucune disposition n'y fait allusion. A peine si quelques commentaires, traitant de l'étendue des droits qui sont donnés aux futurs époux dans leur contrat de mariage, disent que l'on va jusqu'à leur permettre de stipuler la communauté. Mais nous n'avons pas vu qu'ils citent des solutions de jurisprudence relatives aux difficultés résultant de ce régime. Nous en concluons qu'il était peu usité dans la pratique.

Nos deux Coutumes, dont beaucoup de dispositions sont d'inspirations assez indécises, tantôt venant des traditions franques et tantôt du Droit romain, se sont ici exclusivement attachées aux principes de ce dernier; le seul régime pratiqué était le régime dotal.

Nous passons donc immédiatement à l'étude de la puissance maritale en la Marche et en Auvergne. C'est la partie la plus originale de notre Coutume; en effet, la question de l'étendue des droits du mari sur la femme est des plus délicates ; c'est elle qui touche de plus près aux idées les plus intimes du temps. On a dit avec raison que la constitution de la famille était l'image la plus fidèle du génie d'un peuple ; à Rome, qui devait posséder l'empire du monde et où le pouvoir central était fortement établi, la famille était un gouvernement absolu où tous les droits étaient réunis dans la main du paterfamilias, du chef de famille. En Germanie, au contraire, la famille était l'image d'une république, ou chacun avait des droits à exercer et part au pouvoir souverain.

Or, en France, les souvenirs de la chevalerie, de l'idée que le plus fort doit servir la cause du plus faible et du plus juste, ne pouvaient manquer d'avoir laissé leur trace dans les législations. Il est vrai que des idées tirées presque exclusivement de l'ordre des sentiments ne peuvent que difficilement être traduites en lois positives. Mais, cependant, leur inspiration reste souvent visible, et l'exposé des motifs d'une disposition nous fait pénétrer jusqu'au plus intime du génie du temps.

La puissance maritale était, en pays coutumier, l'organisation juridique du principe que le mari est le chef de la famille. Et ce principe avait surtout ses applications juridiques dans le domaine des intérêts. C'est bien ainsi encore que se conçoit l'autorité maritale qui est en principe un droit sur la personne de la femme.

Jadis toute cette théorie se présentait plus nettement. On proclamait que la femme est en puissance du mari — et cela surtout en face du Droit romain. Et dans les provinces du centre, depuis la Saintonge jusqu'à la Bourgogne, dans les confins du Droit écrit, on marque encore plus cette idée par la formule : *La femme est en puissance de son mari et non de son père* (1).

.... L'autorisation maritale était, au vrai sens du mot, la permission donnée à la femme de faire un acte juridique. Et le vrai mot primitif n'est pas *autorisation* mais *autorité*. Elle se résumait en ceci : « La femme ne peut aliéner et s'obliger sans l'autorisation, et si elle est commune, elle ne peut engager la communauté sans l'autorisation du mari. »

Ni dans la Coutume d'Auvergne, ni dans celle de la Marche, nous n'avons à nous préoccuper de ce dernier point de vue, attendu qu'il est seulement question du régime dotal.

Sous l'article premier, titre XIV de la Coutume d'Auvergne nous lisons : « Femme mariée ou fiancée est en la puissance de son mari ou fiancé, excepté quant aux biens adventifs ou paraphernaux desquels elle est réputée maîtresse et dame de ses droits ».

La puissance maritale commençait donc en Auvergne non point au jour du mariage, mais bien au moment de la célébration des fiançailles.

On s'étonne d'une disposition aussi singulière, car c'est un exemple unique dans notre ancien droit français. Les Commentateurs de la Coutume d'Auvergne ne paraissent pas fixés sur l'origine de cette étrange décision. Toutefois ils inclinent à voir là un reste de fiançailles par paroles de présent, « ce qui, dit le Commen-

(1) *Coutume de la Marche*, art. 296 : La femme ait son père ou non est en la puissance de son mary dès qu'elle est mariée par paroles de présent. Et si le mariage est solu par la mort, elle ne retourne en la puissance de son père.

taire, était un véritable mariage ». Voir Masuer, *de Dote*, num. 87.

Toutes les autres Coutumes du Royaume font dater la puissance maritale du jour du mariage (Bourbonnais, art. 170, *Nivernois*, ch. XXIII, art. 1. *Berry*, titre I, art. 15).

Remarquons en passant que notre Coutume, de même que celle de la Marche, fait sortir la femme de la puissance paternelle, en même temps qu'elle la met sous l'autorité de son mari. C'est contraire aux principes de droit écrit, lequel dispose que le mariage n'émancipe pas.

Une fois fixés sur le moment où commence cette puissance en Auvergne, nous allons rechercher quelle était, dans cette province, l'étendue des droits conférés au mari sur la femme.

Les commentateurs de la Coutume voient dans l'autorité du mari la traduction en loi positive d'un principe de droit naturel : le mari est maître de sa femme et, surtout, maître des actions civiles de celle-ci.

Une conséquence immédiate de cette dépendance est l'obligation pour l'épouse de suivre l'époux partout et même après la séparation de biens ; exception est faite pour le seul cas où le mari est exilé hors du royaume ou encore s'il y a eu séparation de corps prononcée entre les époux.

Mais l'effet le plus important est celui-ci : le mari est le maître des actions civiles de la femme.

En ce qui concerne les droits personnels, le principe se traduit par l'interdiction faite à la femme de contracter ou de s'obliger sans le consentement de l'époux.

Passons aux actions réelles; on établit une distinction entre les actions mobilières et possessoires d'une part et, d'autre part, les actions immobilières et pétitoires.

A l'égard des premières, le mari en est le maître absolu, il peut soit les intenter, soit y défendre seul et sans l'agrément de sa femme.

Les commentaires expliquent cette décision par cette considération que le mari peut recevoir les dettes mobilières.

Quant aux actions possessoires elles regardent la jouissance; or le mari, étant usufruitier, doit en avoir la disposition.

Il en sera différemment pour les actions immobilières et pétitoires.

« C'est une maxime, dit le Commentaire de la Coutume, que le mari ne peut exercer les actions réelles de sa femme de son chef; il faut que la femme agisse et qu'elle soit mise en cause; s'il s'agit d'une action réelle active, il faut que la femme forme la demande elle-même, assistée de son mari; et s'il s'agit d'une action passive, il faut que la femme soit assignée sous la même autorisation; et si le mari l'autorise soit en demandant, soit en défendant, ce n'est que pour son intérêt particulier. »

On justifie cette solution en faisant observer que le mari n'a pas la disposition du fonds de sa femme; comment pourrait-on lui attribuer le droit de disposer des actions relatives à ce même fonds? *Absurdum est enim ei cui alienatio interdicitur, permitti actiones exercere.*

« Il y a, dit le Commentaire, une réciprocité et une

analogie parfaite entre l'aliénation et l'exercice de l'action; l'action poursuivie est une espèce de contrat que l'on fait en justice, par l'événement duquel on peut aliéner. »

Cette règle n'est pas formellement exprimée dans la Coutume, mais elle est naturelle et conforme aux principes. Aussi, dans les provinces qui sont muettes sur ce point, on suivait les dispositions de la Coutume de Paris (art. 113 de l'ancienne Coutume avec une note de Dumoulin, art. 223 de la nouvelle).

En revanche, quelques Coutumes, étendant les droits du mari, ont consacré la solution contraire.

L'article 248 de celle du Poitou décide que : « le mari sans le consentement de sa femme peut ester en jugement tant en demandant qu'en défendant pour raison des choses appartenant à sa femme soit en action personnelle ou hypothécaire ou autre instance pétitoire ou possessoire ».

Et l'article 110 de la Coutume d'Angoumois : « Le mari sans le consentement de sa femme peut ester en jugement tant en demandant qu'en défendant pour raison des choses appartenant à sa femme, soit en action personnelle ou hypothécaire ou autre instance pétitoire ou possessoire. »

Donc, en principe, dans notre Coutume d'Auvergne, la femme ne peut s'obliger sans le consentement de son mari. C'est le droit commun. Cette règle souffre une série d'exceptions que nous allons énumérer :

1° Et d'abord d'après l'article 9, titre I : « Femme mariée exerçant marchandise publique peut ester en jugement tant en demandant qu'en défendant sans l'autorité de son mari. »

Toutes les Coutumes contiennent une disposition analogue.

2° Quand le mari ne peut doter les filles selon son état, la Coutume permet que la femme aliène le quart de ses biens dotaux.

En effet, dans l'article 6, nous lisons : « Femme constant son mariage peut disposer par contract entre vifs de la quarte partie de ses biens dotaux et au-dessous pour le mariage de ses filles et autres descendans, là où son mary n'aurait pas dequoy marier sesdites filles ou autres descendans selon son estat. »

Ergo dotis officium maternum est si pater fit inops.

Cette disposition se trouve dans la Coutume nouvelle. D'après la rédaction ancienne (commentée par Masuer, *de Dote*, num. 40), dans le cas où ni le père ni la fille n'ont de biens, si la mère possède assez de paraphernaux elle est tenue de doter sa fille. La modification consiste en ce que la femme n'est plus obligée de doter sa fille (1).

C'est une importante dérogation au principe de l'inaliénabilité du fonds dotal ; mais on voyait d'un œil très favorable le mariage des filles et on voulait le faciliter par tous les moyens.

3° La Coutume permet encore à la femme l'aliénation

(1) La preuve la plus décisive de cette faveur en droit écrit est celle-ci : Le tuteur du mineur pour doter la sœur germaine de son pupille dans le cas où celle-ci n'a pas une fortune personnelle suffisante peut prélever à cet effet une portion sur les biens dudit pupille. Ce droit ne lui appartient plus s'il s'agit de doter une sœur consanguine (Voir Cujas, loi 12, § 3, *De Administr. et pencul. tutoris*).

indéfinie de ses biens dotaux, en cas de nécessité pour cause d'aliments, soit pour elle, soit pour son mari ou ses enfants, soit pour retirer son mari de prison.

C'est ce que nous lisons dans l'article 7 ainsi conçu : « Femme en cas de nécessité pour les alimens d'elle, son mary et enfants, ou pour racheter son mary de prison peut aliéner ses biens dotaux à défaut d'autres biens avec cognoissance de cause et décret de juge sans aucune récompense. »

Ce sont là des cas de force majeure. *Necessitas magnum imbecillitatis humanæ patrocinium omnem legem frangit.*

Une semblable disposition est si juste et si naturelle qu'elle se retrouve presque partout (Droit civil en la loi Mutus Manenti *ff de jure dotis*). Enfin voir Chassanée sur la Coutume de Bourgogne, titre des *Des droits des gens mariés,* § 1, n° 29.

Et même la Loi plus large sur ce point que notre Coutume étendait la faveur de sa disposition aux père et mère de la femme.

En droit romain « les choses sacrées perdent leurs privilèges et tombent dans le commerce s'il s'agit de la liberté et des aliments ».

Notre Coutume, avons-nous dit, exige qu'il y ait « cognoissance de cause ». Le Commentaire nous apprend que « l'on tenait autrefois en cette province que quand le mari pouvait sortir de la prison par le bénéfice de la cession, en ce cas l'aliénation du bien dotal n'était pas permise. Mais le contraire a été jugé par arrêt donné aux Grands jours de Clermont le 16 décembre 1665 sur les conclusions de M. l'avocat général Talon, plaidant

Mr Gilbert Galobie pour la Potière, femme de Bodimant; Mr François Danjoly contre; et l'aliénation faite par sa femme pour racheter ledit Bodimant de prison fut confirmée bien que le mari pût être reçu à la cession. »

Dans ces diverses hypothèses (filles à doter, aliments, mari à tirer de prison), on se demandait si le consentemant du mari était requis.

Les auteurs qui tenaient pour la nécessité de l'autorisation maritale faisaient valoir les arguments suivants :

C'est un principe général et absolu en France que la femme ne peut faire, sans l'autorisation de son mari, aucun acte civil, par conséquent aucune aliénation. « Cette autorisation, disait-on, est une solennité nécessairement requise, qui doit être ponctuellement accomplie, dont l'omission entraîne l'annulation de toutes sortes d'actes. »

Malgré ces considérations, cette doctrine ne prévalut pas en jurisprudence.

On répondait :

En ce qui concerne la disposition de l'article 7, il n'y a pas lieu d'exiger le consentement du mari puisqu'il faut déjà « un décret du juge et cognoissance de cause » l'acte d'aliénation de la femme est suffisamment validé (Voir la *Jurisprudence des arrêts rapportés*, par M. Louet).

La jurisprudence basait ses décisions sur une sorte de consentement implicite, présumé, du mari; on ne conçoit guère en effet qu'il puisse refuser son autorisation dans une semblable hypothèse. « La cause est juste et pressante, dit le commentaire de la Coutume, et l'autorisation, qui est un droit du mari, doit servir et non préjudicier à ses intérêts. »

En ce qui concerne l'hypothèse de l'article 6, il faut encore « un décret du juge et cognoissance de cause ». Cela n'est pas formellement exprimé dans le texte de la Coutume, mais la rédaction de l'article l'exige implicitement, puisqu'il faut qu'il paraisse que le mary n'a pas le moyen de marier ses filles selon son estat... il faut donc également que le juge entre en cognoissance de cette impuissance du mari ; aussi l'autorité du juge supplée à l'autorisation du mari.

De plus un arrêt du 11 avril 1595 (1) est venu fortifier cette doctrine en apportant une considération nouvelle.

Une femme demandait l'annulation d'un acte en vertu duquel elle s'était engagée vis-à-vis de sa fille pour une somme de quatre mille écus en faveur du mariage ; or cette promesse n'avait pu être soumise à l'autorisation du mari absent. L'arrêt déclara sa demande non recevable.

Et Brodeau donnait comme motifs de cette décision que « l'obligation naturelle de doter est commune à la mère comme au père, que c'est un office de piété, et qu'en ce cas on peut dire que la loi, la nature et la piété autorisent valablement la femme ».

C'est le sentiment de Duplessis et de quelques autres.

Mais le droit de disposition de la femme pour doter ses filles n'excède pas le quart de ses biens dotaux. Au-dessus, la libéralité est réductible (Voir Duplessis

(1) Brodeau sur Louet, lettre R. Som. 54, n° 10.

sur la Coutume de Paris, *Traité de la Communauté* livre I, ch. IV).

4° La quatrième exception au principe de la nécessité de l'autorisation du mari sort du droit commun de la France.

Art. 9 : « La femme constant son mariage peut disposer à son plaisir et volonté, sans le consentement de son mari, par quelque contract que ce soit de ses biens paraphernaux ou adventifs fors et excepté au profit de son mari et des enfants de sondit mary d'aultre mariage ou aultre à qui le mary puisse ou doive succéder et sans préjudice en cas de donation du droit de légitime aux enfants capables de l'avoir (1). »

Reste la question des droits de la femme en matière criminelle.

Si elle est défenderesse, point n'est besoin de l'autorisation de son mari, cela va de soi, le contraire serait une flagrante injustice ; il est tout naturel qu'elle puisse répondre aux accusations dont elle est l'objet.

(1) L'article 9 déclare que la femme n'a pas besoin d'autorisation pour ses biens adventifs au paraphernaux.

D'autre part, l'article 3 au même titre dispose que : « Le mary et femme conjointement ou séparément pendant le mariage ou fiançailles ne peuvent vendre, aliéner, permuter (de *permutare*, échanger) ni autrement disposer des biens dotaux ce ladite femme au préjudice d'icelle; et sont telles dispositions et aliénations nulles de nul effet et valeur et ne sont validées par serment. »

Il s'ensuit qu'il n'y aura guère lieu de requérir l'autorisation que pour le cas où il s'agirait d'aliéner ou d'obliger des biens paraphernaux appartenant à une femme domiciliée en droit civil.

S'agit-il en effet de biens dotaux ? Qu'ils soient situés en pays coutumier ou en pays de droit écrit, leur aliénation est interdite d'une façon absolue.

Mais s'il s'agit de biens paraphernaux, ceux qui sont situés en pays de droit écrit ne peuvent être aliénés sans autorisation tandis que ceux situés en pays coutumier peuvent être aliénés sans le consentement du mari.

Ce motif disparaît si les rôles changent et si la femme est demanderesse; aussi nos anciens auteurs proclamaient la nécessité de l'autorisation; plus tard, il se produisit un revirement dans la doctrine, et au dix-huitième siècle le droit de la femme n'est pas subordonné à l'autorisation du mari. Plusieurs Coutumes s'étaient prononcées en ce sens.

« Cependant, Lacombe père, dans son *Traité des matières criminelles* de 1741, soutient que, dans les Coutumes muettes, il faut que la femme, pour former une accusation, demande à être autorisée en justice au refus de son mari conformément à l'article 274 de la Coutume de Paris » (1).

Pour terminer notre étude sur la puissance maritale, il nous faut examiner les règles qu'il convient d'appliquer au cas où l'un des époux est mineur.

Supposons d'abord un mari mineur et sa femme majeure.

La doctrine, aussi bien que la jurisprudence, est divisée sur la question de savoir si le mari peut donner une autorisation valable.

En faveur de l'affirmative on fait valoir les arguments suivants :

La puissance maritale est un principe général et absolu, rien ne vient le limiter à raison de l'âge du mari, rien par conséquent n'autorise à croire que le mari mineur a sur sa femme des droits moins étendus que le mari majeur. « Il suffit d'être mari pour pouvoir autoriser sa femme, la validité de l'autorisation ne

(1) Commentaires de la Coutume d'Auvergne.

dépend pas de l'âge du mari mais de la qualité seule du mari. »

C'est la doctrine de Loysel, *Inst. Coutum.*, l. Ier t. II, n° 2; de Renusson, *Traité de la Communauté*, 1re partie, ch. VII, n°s 18 et 399.

La jurisprudence est en ce sens. Une femme majeure, autorisée de son mari mineur, avait renoncé à des hypothèques qui lui garantissaient son douaire. Elle demanda la rescision de son acte, se fondant sur la minorité de son mari; elle fut déboutée de sa demande par arrêt du 25 mai 1603. Rapporté par Renusson.

Montholon, art. 113, rapporte un autre arrêt en date du 1er avril 1608 qui décide qu'un mari mineur peut autoriser sa femme à contracter. Cet arrêt exprime formellement le principe sur lequel nous nous sommes fondé pour admettre l'affirmative : « Ce n'est pas l'âge du mari qui est considérable, mais sa puissance et son autorité (Voir Tronçon sur l'art. 213 de la Coutume de Paris).

En faveur de la négative, on dit que le mari, qui lui-même ne peut agir sans autorisation, ne peut cependant pas donner une autorisation (Voir Chopin sur la Coutume de Paris), l. 2, titre I, n° 16, Dumoulin, § 114, n° 6).

Cette considération détermina l'arrêt du 22 juin 1673. Un mari mineur, commissaire au Châtelet, dans un seul et même acte, s'était à la fois personnellement obligé et avait autorisé sa femme. La juridiction devant laquelle fut portée l'affaire annula l'obligation et admit la femme à se faire restituer.

Mais comment concilier les deux arrêts rendus dans des sens opposés?

Montholon, sur l'arrêt de 1608, porta son attention sur une réserve faite par le Président. Après le prononcé de l'arrêt, le magistrat disait que « si le mari se plaignait et qu'il se fit relever, pour lors la Cour en délibérerait ».

Cette réserve permet de réédifier la théorie juridique dont l'arrêt faisait l'application. L'autorisation donnée à la femme par le mari mineur est inattaquable dans les rapports des époux entre eux. La subordination de l'épouse à son époux, « à son baron » aurait dit Beaumanoir, est maintenue ; c'est un principe immuable auquel les juges n'auraient pas voulu toucher.

Mais, en ce qui concerne la situation du mineur, il en va différemment; la loi veut le protéger. Si donc l'autorisation qu'il a accordée lui cause un préjudice, il est admis à en demander l'annulation. La jurisprudence, par les deux arrêts précités, consacra donc deux principes importants : la subordination de la femme vis-à-vis de son mari, *même mineur*, d'une part, et, d'autre part, la protection qu'il convient d'accorder aux mineurs.

Il convient de s'arrêter sur le premier de ces principes qui est d'une importance capitale; il est, en effet, la consécration d'une théorie sur le fondement de l'autorité maritale qui rejette l'idée de protection pour y substituer celle de subordination (1).

Nous nous sommes demandé si l'autorisation mari-

(1) Voir le cours de M. Lefebvre, année 97-98, où la question est longuement discutée, et où toutes les preuves en faveur de notre théorie se trouvent rapportées.

tale était conçue comme une institution destinée à protéger la femme contre sa propre faiblesse, *imbecillitas sexus* ou comme la consécration de cette loi d'ordre public, qu'aucune société ne peut vivre sans un chef et que, dans l'association conjugale, c'est le mari qui est le maître naturel. C'est à cette dernière opinion que nous nous sommes rangés.

Par application de ce système, Beaumanoir avait posé deux principes :

1° Aucun acte juridique ne peut être fait par la femme sans l'autorité de son baron.

2° Approuvée de son mari, la femme peut tout faire. Si le mari est incapable de fait ou absent, la femme peut agir seule sans autorisation de personne.

Qu'adviendra-t-il si la femme a agi contre son mari? Le mari peut seul attaquer l'acte et le faire tomber. La femme ne le peut pas; et si elle devient veuve, elle reste tenue, si elle a cautionné, par exemple, ou fait une donation. Donc, pas l'ombre d'idée protectrice; en la femme il n'y a que dépendance et pas d'incapacité.

Tel était le droit au XIIIe siècle; mais ces idées si naturelles ne devaient point se maintenir, et sous l'influence du Droit Romain l'idée de subordination disparaît et devient une idée de protection dédaigneuse.

A partir du XIIIe siècle le Droit Romain renaissant déborde sur le Droit Coutumier; les savants en jurisprudence n'étudient guère que le Droit Romain, seul officiellement enseigné. Dès lors, les praticiens coutumiers se préoccupent beaucoup trop d'incliner la Coutume devant lui.

Il suivit de là que pour organiser juridiquement cette institution traditionnelle, — l'autorisation maritale, — ils vont rechercher trop volontiers des analogies, des arguments, des expressions dans le Droit Romain. Or, ils ne trouvaient presque rien comme idée d'*obéissance et de discipline domestique*, mais ils trouvaient constamment les inspirations de protection un peu dédaigneuse à l'endroit des femmes et de méfiance envers elles. C'est le Sénatus-Consulte Velléien qu'ils cherchèrent à faire passer — et même pour toutes les femmes. On eut beaucoup de peine à repousser son application pratique, mais l'idée de protéger les femmes d'après son système se développe et va pénétrer dans le système d'autorisation maritale.

Or, l'arrêt précité, avec la réserve faite par le président nous prouve précisément que malgré l'influence croissante des idées romaines, le souvenir d'une puissance maritale fondée sur la subordination de la femme était resté assez vivant pour servir de fondement à une décision de tribunal.

Quoique le mari mineur puisse autoriser sa femme majeure pour contracter et que l'autorisation soit valable dès que le mari ne s'en plaint pas, il ne s'ensuit aucunement que le mari mineur puisse autoriser sa femme majeure pour ester en jugement.

Le mari majeur peut-il autoriser sa femme mineure?

La solution de cette question est fondée sur des motifs qui impliquent encore un pouvoir fondé sur la subordination et non sur la protection.

En effet, Ricard (article 223 de la *Coutume de Paris*)

dit : « qu'on ne peut pas douter que l'autorité du mari majeur pour autoriser sa femme mineure ne soit sans effet, l'autorité du mari n'étant que pour son intérêt particulier et non pour rendre sa femme habile à contracter ou à ester en justice. »

Voir aussi Chopin sur *Paris*, l. II, titre Ier, n° 16, et encore un arrêt du 22 février 1587 rapporté par ce même auteur, l. III et XIX, n° 12 *De Dom.*

Il faudrait dans cette hypothèse nommer un curateur à la femme quand elle veut exercer des droits.

Ce curateur ne peut être le mari.

Voir Louet, let. M. *Som.* 1, où il rapporte un arrêt dans ce sens.

C'était la disposition du Droit Romain : *maritus enim etsi rebus uxoris suæ debeat affectionem tamen curator ei creari non potest.*

Enfin le consentement du mari n'est pas requis pour le testament. La femme peut tester sans autorisation. C'est d'ailleurs, à peu d'exceptions près, le droit commun en France (Voir cependant les *Coutumes de Bourgogne, Nivernais, Normandie*) (1).

La raison qu'en donne le Commentaire est d'ailleurs faible : « Le testament n'a lieu qu'après la mort alors que la puissance maritale ne peut plus s'exercer. Il ne serait pas juste que l'autorité du mari s'étendît au delà du mariage... on ôterait aux femmes la liberté de tester si chérie chez les Romains. »

(1) L'article 619 de la *Coutume de Bretagne* ne permet à la femme de tester sans l'autorisation de son mari que pour aumônes ou récompenses de services.

Mais le droit de la femme ne s'étend pas à l'universalité de ses biens; elle ne peut disposer que d'une fraction.

C'est ce qui résulte de l'article 16, titre XII : « La femme durant le mariage peut disposer par testament de la quarte partie tant de ses biens dotaux que aultres, chargée de tous les léguats et quarte partie des dettes au profit de ses enfants ou aultres, excepté à son mari ou à ceux à qui le mari peut succéder. »

La Coutume n'exige donc point le consentement du mari pour le testament de la femme. On supplée à son silence en recourant au Droit Romain « lequel dit le Commentaire fait notre droit commun ».

Remarque.

Nous avons déjà dit, en effet, qu'en vertu de lettres patentes, il avait été décidé que dans le silence de la Coutume on aurait recours au Droit Romain.

LA PUISSANCE MARITALE

DANS LA MARCHE

Nous allons d'abord déterminer les caractères généraux de cette puissance, après quoi nous entrerons dans les détails de la question.

Tout d'abord à quel moment commence cette puissance ? Dans la Marche, qui suivait le droit commun, l'autorité du mari commençait au jour du mariage : elle subsistait autant que l'union des époux et prenait fin, par la mort de l'un d'eux ; tout ceci résulte de l'article 296 :

« La femme, ait son père ou non, est en la puissance de son mari dès qu'elle est mariée par paroles de présent, et ne se peut obliger sans le consentement de son mari si elle est marchande publique ; si le mariage est solu par la mort elle ne retourne en la puissance de son père ».

Quelle est l'étendue des droits du mari sur la femme ?

Elle ne peut s'obliger sans le consentement de son mari, sauf les cas exceptionnels prévus par la Coutume.

Il n'est parlé que du régime dotal. Nous retrouvons donc la distinction entre les biens dotaux, d'une part, et les biens adventifs ou paraphernaux, d'autre part. Tous les biens constitués en dot à la femme sont dits *biens dotaux*, tous les autres sont *paraphernaux*.

Dans le cas où il n'y aurait pas eu constitution de dot, la Coutume présume que toute la fortune de la femme est constitué en dot.

C'est ce que l'on exprimerait aujourd'hui en disant que la dotalité est la règle et la paraphernalité l'exception.

En effet dans l'article 302 nous lisons :

« S'il n'y a dot particulière constituée en traitant le mariage, tous les biens que la femme a au temps de ses fiançailles sont censés et réputés biens dotaux. »

Il paraît qu'il était d'usage en pareil cas de faire dresser un état des immeubles et un inventaire des meubles dans le but de constater la consistance de la fortune de la femme, ce qui présentait un intérêt notamment à l'époque de la restitution de la Dot.

Les biens dotaux étaient inaliénables, sauf les exceptions prévues par les articles 300 et 301; les biens adventifs et paraphernaux pouvaient faire l'objet d'une disposition titre onéreux, et alors l'acte consenti par la femme n'était pas soumis à l'autorisation du mari. Mais à titre gratuit la femme pouvait en disposer seulement en faveur de son mari, c'est–àdire par contrat de mariage ou par donation mutuelle.

Le mari avait un droit d'administration et un droit d'usufruit sur les biens de sa femme, qu'ils fussent dotaux ou paraphernaux.

Tout ceci résulte des articles suivants :

Art. 297 : « La femme et le mari, conjointement ou séparément, constant le mariage, ne peuvent vendre, aliéner, permuter, ni autrement disposer des biens dotaux de ladite femme au préjudice d'elle ; et sont telles dispositions et aliénations nulles et de nul effet et ne sont validées par serment.

Art. 303 : « Femme peut disposer de ses biens paraphernaux ou adventifs par titre onéreux durant son mariage sans autorité de son mari, mais à titre lucratif elle n'en peut disposer entre vifs à personne quelconque, sinon en faveur de mariage ou par donation mutuelle à son mari. »

Art. 295 : « Le mari a l'administration des biens de sa femme constant le mariage soient lesdits, biens dotaux, adventifs ou paraphernaux, et en fait les fruits siens tant que le mariage dure.

Nous sommes en possession des principes fondamentaux qui règlent les droits des conjoints. Il reste à préciser ses généralités et à rechercher leur fondement.

Tout d'abord, avons-nous dit, la femme ne peut s'obliger sans le consentement de son époux :

Art. 296 : « La femme, ait son père ou non, est en la puissance de son mari dès qu'elle est mariée par paroles de présent et ne se peut obliger sans le consentement de son dit mari si elle n'est marchande publique ; si le mariage est solu par la mort, elle ne retourne en la puissance de son père. »

Ainsi donc la femme ne peut point s'obliger sans le consentement de son mari.

Le premier Commentateur de la Coutume Nicolas

Caillet allègue pour justifier cette règle une série de motifs qui dénotent chez leur auteur une érudition plus vaste qu'une connaissance approfondie des principes du droit.

« Le droit romain n'a jamais permis que les femmes pussent prétendre aux offices virils, pour l'infirmité de leur conseil, à cause de quoy elles étaient à Rome en perpétuelle tutelle ; et ne pouvaient aucunement contracter (combien qu'en la ville d'Athènes cela leur fut permis, non plus toutefois que d'un boisseau d'orge); que nous lisons aussi dans Homère qu'Agamemnon voulait épouser la belle Chrysés, pour filer et faire les offices domestiques et dans Euripide qu'Electra confesse son devoir ne s'estendre hors les parois de la maison. Outre que Diodore loue le conseil d'Antipater lequel mourant conseilla aux siens de ne laisser entremettre les femmes à la charge et administration des affaires. Et qu'Alexandre le Grand a été reprins d'avoir trop déféré à sa mère Olympias au gouvernement de l'Empire. »

Quelque respectable que soit cet amas de précédents, nous pensons que les traditions germaniques et chrétiennes ont suffi pour faire édicter l'article 296 et que la puissance maritale, en la Marche comme en Auvergne, est fondée sur l'idée de la subordination de la femme.

Lorsque la femme tombe en la puissance du mari, la première conséquence est qu'elle cesse d'être soumise à l'autorité paternelle.

« ...Et si le mariage est solu par la mort, elle ne retourne en la puissance de son père. »

Ce qui est contraire au droit écrit qui n'admet pas que le mariage soit une cause d'émancipation. *Quo licet uxor transeat in viri potestatem nihilominus remanet in potestate patris.*

La mort civile, qui ne dissout pas le mariage, laisse subsister l'autorité du mari.

Si le mariage a été dissous pour quelque autre cause (par exemple, l'impuissance), le Commentateur, toujours fort empressé à revenir au Droit romain, prétend que la femme retombe sous l'autorité de son père. « Auquel cas il est vrai de dire qu'il n'y a pas eu mariage. »

La Coutume de Bretagne en l'article 472 dit que la veuve retourne en la curatelle de son père, non en sa puissance.

D'ailleurs, dans notre Coutume, « cette exemption de puissance paternelle s'étend seulement aux actes civils, mais ne déroge point à l'honneur et obéissance que la fille doit naturellement à son père ».

Ce précepte de morale avait inspiré quelques dispositions positives.

Une femme devenue veuve et s'étant remariée sans le consentement de son père, celui-ci intenta une action de rapt. Il fut débouté de sa demande par arrêt du 4 décembre 1632 (Louet, lettre M. ch. XVIII).

Mais un arrêt du 13 mars 1663, jugea qu'une jeune veuve mineure, mère de deux enfants, ne pouvait se remarier sans le consentement de son père (Vide Chenu 9, 15).

Enfin dans une déclaration de mars 1697 ajoutée à l'Édit de 1636, il est dit que la veuve qui se remarierait sans le consentement de ses père et mère, serait passible d'exhérédation.

Si la femme s'est obligée sans l'autorité de son mari, l'acte est nul. Mais peut-il être validé par une autorisation qui surviendrait six mois ou un an après? Il paraît que tout un parti de la Doctrine répondait affirmativement, et attribuait un effet rétroactif à cette autorisation subséquente.

Cette opinion doit être rejetée, car l'autorité du mari est de l'essence de l'obligation et doit y être spécifiquement insérée, « *in ipso negotii actu inesse* », à tout le moins incontinent après et sans dissentiment à d'autres actes.

Mais si la femme est séparée de biens d'avec son mari ne pourra-t-elle alors se passer d'autorisation? Dumoulin, sur les articles 170 et 232 de la Coutume du Bourbonnais et sur l'article 223 de la Coutume de Reims dit : « *Simplex bonorum separatio reddit mulierem separatam a potestate viri, idesque si est minor unus dandus est ei curator*; » mais son sentiment n'a pas prévalu.

Le mari mineur peut autoriser sa femme majeure, mais le mari majeur ne peut autoriser sa femme mineure pour ester en justice, ni pour contracter.

Elle doit être nécessairement pourvue d'un curateur qui ne peut être son mari (Louet, lettre M, ch. 1).

De cette idée que la femme est en puissance de son mari, on tirait une conséquence singulière relative à l'effet de ses obligations.

Si la femme se trouve « obligée ou condamnée par corps pour affaires civiles d'avant son mariage, elle ne peut être emprisonnée n'étant plus *sui juris* dès lors qu'elle est mariée. » (Arrêts du 17 janvier 1582 et du 23 décembre 1579).

Or, cette faveur n'est point donnée à la femme à raison de son sexe, puisque la veuve et la fille majeure peuvent être contraintes par emprisonnement et sont comprises dans l'Édit de Moulins. Ce privilège n'est accordé qu'à la femme mariée parce que son mari est considéré comme ayant seul autorité sur elle et qu'elle ne doit point pouvoir être séparée de lui (Louet, lettre I, ch. II).

Une autre preuve du lien étroit qui unit les deux époux est celle-ci : La séparation des biens n'empêche pas que la femme, si elle a des biens, soit tenue de secourir son mari nécessiteux.

Nous abordons toute une série d'exceptions au principe que la femme ne peut s'obliger sans l'autorisation de son mari.

La première est relative à la marchande publique et forme le droit commun de la France.

Art. 10 : « Femme mariée, exerçant marchandise publique, peut ester en jugement, tant en demandant qu'en défendant, sans l'autorité de son mari quant au fait de sa marchandise. »

Il paraît qu'elles pouvaient même être contraintes par corps ; on cite en ce sens un arrêt du 5 décembre 1666 (Louet, lettre F, ch. II). Mais il nous semble que la jurisprudence n'était guère fixée et il y a, croyons-nous, des arrêts en sens contraire.

« L'ordonnance d'Orléans 17-3 porte qu'entre marchands toutes cédules promesses reconnues ou duement vérifiées emportent garnison et contrainte par corps. Les prêtres qui sont marchands publics ne jouissent pas de leurs privilèges, ce qui a été introduit pour l'utilité publique du commerce. »

La seconde exception est relative aux cas de force majeure (pour cause d'aliment ou pour tirer son mari de prison).

Art. 301 : « Aussi en cas de nécesité pour les alimens d'elle, son mary et enfants ou pour racheter son mary de prison, peut la femme aliéner ses biens dotaux sans aucune récompense à faute d'autres biens et ce par décret du juge et cognaissance de cause. »

Ce sont des cas de force majeure et le Commentateur Nicolas Caillet accumule à son ordinaire les exemples historiques pour justifier la disposition. « Beaucoup de choses sont permises pour nécessité qui sont autrement interdictes. Car nécessité n'est autre chose que la force qui contrainct, qui est cause que la femme pour les alimens d'elle, son mary et ses enfants peut aliéner sa dot. Car la faim est de telle furie que nous lisons beaucoup de gens avoir été contraincts à la rage de se dévorer les uns les autres. Valère le Grand rapporte un fort magnifique exemple de Caliguritains qui, assiégez par Pompée, n'ayant de quoy vivre, furent contraincts de tuer leurs femmes et enfants pour se nourrir de leur chair. Joseph fait mention d'une pareille cruauté à laquelle furent contraincts les Juifs assiégez par Vespasien. Dont à ce propos Saint-Hiérôme dit : *Vetus narrat historia nihil fame durius, quæ sæpe obsessos compellit humanis vesci carnibus et in suam sævire naturam.*

« *Ita ut nec parentes parvulis parcant liberis.* Qui a pareillement occasionné Epicurus de dire que, pour chasser la faim, il est licite de faire guerre contre Jupiter, c'est-à-dire violer le droit divin. Et David, ayant l'élection de pestilence, guerre ou famine, choisit la peste pour le moindre mal. Il est aysé à prouver que la guerre n'est si cruelle ni si violente, de ce que dit le prophète Hiérémie, qu'il est moins grief mourir de cousteau que de famine. »

Les raisons que l'on donne pour autoriser l'aliénation du fonds dotal et dispenser la femme du consentement de son mari sont plus sérieuses et marquent une fois de plus l'union des deux époux.

« Comme la liberté est inestimable, dit Jean Regnauld, et qu'il n'y a point de plus dure servitude en France que la prison, que la liberté du mari est celle de la femme, n'y ayant rien de plus proche d'elle que lui, il n'y a point de sujet pour elle pressant que la liberté du mari afin de l'avoir près d'elle. »

La gravité des motifs, qui étendaient ainsi les droits de la femme, fit qu'on entendait cette disposition dans l'esprit le plus large. L'article lui-même ne limite pas le droit d'aliénation à la moitié du fonds dotal, comme lorsqu'il s'agit de doter les filles.

De plus, l'interdiction faite aux serfs et aux mortaillables de disposer de leurs biens pourrait porter à croire que le droit consacré par l'article 301 ne leur appartient pas. Mais Jean Regnauld prend soin de dire que « les aliénations des biens serfs et mortaillables, qui sont défendues sans le congé du Seigneur, ès-articles 146 et

147, se doivent entendre des volontaires, non des nécessaires et forcées par criées et décret qui ne peuvent se faire *inscio, inconsulto et invito patrono* ».

Appliqués à la dot de la femme, les articles 146 et 147, que nous avons déjà cités plus haut, prohibent donc leur aliénation volontaire, mais nullement la vente que la nécessité les contraint de faire, et qui est précédée d'un décret du juge. *Necessitas quæ est vis voluntati contraria* dit Cujas; *facit licitum quod est illicitum;* elle est la maitresse de la loi, elle la fait, *Vis Constituit* (1).

Toutefois ce droit de disposer, sans l'autorisation du mari d'un bien inaliénable de sa nature, était entouré de garanties.

D'abord les biens du mari doivent être épuisés avant ceux de la femme.

Ensuite il fallait une procédure spéciale. Les motifs pour lesquels le législateur a édicté l'article 301 sont inspirés par un sentiment tout naturel de justice et d'humanité. Cependant il ne faut pas qu'il permette des aliénations qui tendraient à un autre but. Aussi fallait-il que la situation des conjoints fut bien établie; de là une procédure dont voici les traits principaux.

La femme adressait au juge une requête; cet acte contenait une articulation des faits et un exposé des motifs pour lesquels elle demandait l'autorisation d'aliéner ses biens dotaux.

Cette requête était communiquée au ministère public qui donne ses conclusions et requiert que la preuve de certains faits soit fournie.

(1) *Commentaire* de Jean Regnauld.

A ce moment, intervient une décision du juge pour ordonner l'enquête.

La sentence du juge sera rendue alors, après avoir entendu le ministère public en ses conclusions.

Le vœu de la Coutume est que la faculté d'aliéner, qui est ainsi accordée à la femme, soit aussi restreinte que possible. Le juge doit donc borner son autorisation à la somme strictement nécessaire.

Troisième exception. Elle est relative au régime des biens adventifs ou paraphernaux. L'article 303, siège de la matière, est ainsi conçu : « Femme peut disposer de ses biens paraphernaux ou adventifs durant son mariage sans l'autorité de son mari, mais, à titre lucratif, elle n'en peut disposer entre vifs à personne quelconque, sinon en faveur de mariage ou par donation mutuelle à son dit mari. »

Pour comprendre cet article, il faut le rapprocher de l'article 295 :

« Le mari a l'administration des biens de sa femme constant le mariage, soient lesdits biens dotaux, adventifs ou paraphernaux, et en fait les fruits siens tant que le mariage dure. »

Le mari a donc un droit de jouissance qui porte sur les biens de sa femme. A l'égard des biens dotaux, puisqu'ils sont inaliénables, il est sûr de ne pas être frustré.

En ce qui concerne les paraphernaux et les biens adventifs, permettre à la femme de les faire sortir de son patrimoine sans compensation, c'était aboutir à priver le mari d'une partie des revenus sur lesquels il était en droit de compter.

Mais il n'y avait aucun inconvénient à l'autoriser à en disposer à titre onéreux, puisque le mari retrouvait sous une autre forme les biens sur lesquels portait son droit.

De même, il n'est pas lésé si la femme en dispose à son profit, ce que la Coutume l'autorise à faire, soit dans la forme d'une donation mutuelle, soit en contrat de mariage.

Mais la femme ne peut les aliéner pour les affaires de son mari ; car alors il y aurait disposition pure et simple au profit de celui-ci.

Cela résulte de l'article 95 :

« Femme estant en puissance de son mary ne se peut obliger pour le faict de son mary, ni renoncer à son profit, ni de ceux à qui son mari peut succéder, sinon ès cas contenus au chapitre des donations, dots et mariage. »

Enfin il y a une dernière exception relative au testament : la femme peut faire cet acte sans le consentement de son mari.

Ainsi donc la femme ne peut en principe s'obliger sans le consentement de son mari : quels sont les droits de l'époux sur la fortune de l'épouse ? D'après l'article 295 il a sur ses biens un droit d'usufruit et un droit d'administration. « C'est-à-dire, dit Jean Regnauld, la direction de conduite comme un tuteur, un prélat, un bénéficier ou autre économe ou administrateur, mais n'en a point la disposition, n'ayant aucun droit à la propriété, laquelle réside en la personne de la femme, sinon quant aux meubles dont il peut librement disposer. »

Ce droit d'administration du mari sur les biens de la

femme est une conséquence du droit qui lui appartient sur la personne. Ici, et sous l'influence du droit romain, se fait jour l'idée de l'incapacité de la femme.

« La femme, dit le Commentaire, n'est pas réputée propre à cet emploi qui surpasse sa portée et ne se devant occuper qu'au petit ménage de la famille. »

Le droit d'usufruit est encore une conséquence du pouvoir du mari comme chef, mais aussi de cette idée quele mari, ayant les charges du ménage, la femme doit y contribuer avec sa fortune. C'est ainsi que, dit le Commentaire, si le mari ne nourrit pas sa femme, il ne doit pas jouir des biens d'icelle ».

Et encore : « Si le père nourrit le fils, la bru et sa famille, les fruits de la bru sont à lui *quia onera matrimonii sustinuit.*

Cependant, la femme peut, par son contrat de mariage, se réserver les fruits de ses biens paraphernaux, en tout ou en partie.

Mais le droit de disposition à titre gratuit en faveur d'étrangers lui est rigoureusement refusé.

Disons quelques mots, en terminant, sur le régime des biens dotaux. Le siège de la matière est dans les articles 302 et 297 :

Article 302 : « S'il n'y a dot particulière constituée en traictant le mariage, tous les biens que la femme a au temps de ses fiançailles sont censés et réputés biens dotaux. »

Article 297 : « Le mari et la femme conjointement ou séparément constant le mariage ne peuvent vendre, aliéner, permuter, ni autrement disposer des biens dotaux de ladite femme au préjudice d'icelle. Et sont telles dispositions et aliénations nulles et de nul effet et valeur et ne sont validées par serment. »

Malgré les termes absolus de cet article, il s'en faut que le mari ne puisse aucunement toucher aux biens qui constituent le fonds dotal.

En ce qui concerne les biens meubles *quæ pondere numero mensurave constant*, et pour le recouvrement desquels la femme a son hypothèque, il en peut disposer ; c'est une conséquence de son droit d'usufruit quand ces meubles sont des choses qui se consomment par le premier usage.

Quand les biens dotaux sont appréciés, le mari en a la disposition. *Res estimatæ et earum accepiones sunt integraliter marito tanquam emptoris.*

Outre cela, il y a deux exceptions portées, l'une en l'article 301 et l'autre en l'article 300, qui est relative à la dot des filles : « La femme pour mariage de ses filles et autres descendans, par l'autorité de son mari, peut disposer, par contrat entre vifs, jusqu'à la moitié de ses biens dotaux et au-dessous par décret du juge et cognoissance de cause. »

Mais ce droit ne lui appartient que subsidiairement, c'est-à-dire si le mari ne peut pas fournir la dot.

Il paraît, d'ailleurs, que l'on cessa d'exiger le décret du juge, considérant que c'était inutile. On pensait, en effet, que les futurs conjoints donnaient assez d'attention aux clauses de leur contrat de mariage « selon leurs moyens et faculté », que de plus ils le communiquent à leurs parents, pour prendre leur avis. C'étaient là, pensait-on, des garanties plus sérieuses que le décret du juge, lequel ne serait sûrement pas rendu aussi « *prudemment* ».

Il faut que cette aliénation soit faite *au préjudice de la femme;* par ces mots, il faut entendre tout acte ayant pour effet de diminuer la valeur des biens dotaux (par exemple, la prescription). Mais la prohibition ne s'applique plus si l'aliénation n'a pas porté préjudice à la femme.

C'est ainsi qu'une sentence de la Sénéchaussée de Guéret, rendue en 1724, a débouté une femme de sa demande, par laquelle elle demandait à rentrer dans la propriété d'un pâtural à elle appartenant et qui avait été vendu pendant son mariage. L'acquéreur avait justifié, en effet, que l'emploi du prix, loin de causer préjudice à la femme, avait tourné à son avantage.

Enfin, l'article 298 autorise l'échange : « Toutefois, si la femme est deuement récompensée de fonds ou chevance certains, en faisant l'aliénation de ses biens dotaux, elle estant mariée, elle ou ses descendans, dedans l'an et jour de trépas du mary, peut retourner à soy et tenir à la chose dotale ou à ladicte récompense et ledict temps et jour passés ne pourra revenir à la chose dotale, sinon en cas d'éviction. »

A part ces exceptions, le fonds dotal est inaliénable, dit le Commentaire; cette aliénation est tellement odieuse qu'elle ne donne pas seulement ouverture à la prescription et que le mari vendeur peut évincer l'acquéreur en payant les dommages.

On ne peut stipuler dans le contrat de mariage le droit de disposer de biens dotaux.

Nous avons terminé l'étude de la puissance maritale en la Marche. Si nous rapprochons ses dispositions de celles de l'Auvergne, nous sommes amenés à faire les remarques suivantes :

La puissance maritale commence au jour des fiançailles en Auvergne, au jour du mariage en la Marche.

Dans les deux provinces, nous trouvons le régime dotal établi sous l'influence des idées romaines ; dans les deux, le fonds dotal est en principe inaliénable, ce qui constitue une exception à la plupart de nos vieilles Coutumes.

Dans l'Auvergne et dans la Marche, la femme peut, sans l'autorisation de son mari, aliéner ses biens dotaux « pour cause d'aliments, d'elle, son mari et enfants. »

De plus, en Auvergne, elle peut disposer du quart de ses biens dotaux pour marier ses filles sans autorisation de son mari.

La Coutume de la Marche permet d'en aliéner la moitié, mais avec l'autorisation de son mari. Il est vrai que le Commentateur Jean Regnauld « estime, nonobstant que la Coutume donne à la femme la faculté d'aliéner de ses biens dotaux, que la femme est tenue et obligée à cela aussi bien qu'à fournir les aliments aux enfants. » Et, dans ce cas évidemment, elle pourrait se passer de l'autorisation du mari.

Dans les deux Coutumes, la femme peut tester sans autorisation, et son droit de disposition s'élève au quart en Auvergne, au tiers dans la Marche.

Dans les deux Coutumes, elle peut disposer de ses biens paraphernaux et adventifs sans autorisation ;

mais, en Auvergne, ce droit est absolu, que l'acte soit à titre gratuit ou à titre onéreux. Seulement elle ne peut faire aucune libéralité à son mari.

En la Marche, elle peut disposer à titre onéreux à toute personne ; mais à titre gratuit elle n'en peut disposer qu'en faveur de son mari, par donation mutuelle ou en contrat de mariage, ou encore par disposition à cause de mort, dans les limites autorisées par la Coutume.

Enfin, dans les deux Coutumes, la femme, marchande publique, n'a pas besoin d'autorisation pour faire les actes relatifs à son négoce.

En Auvergne et dans la Marche, le mari a, sur les biens de sa femme, un droit légal d'administration et d'usufruit, mais, en Auvergne, la femme touche les fruits de ses paraphernaux et biens adventifs relativement auxquels elle est réputée *maîtresse et dame de ses droits*.

DONS ENTRE ÉPOUX

Notre ancien Droit avait adopté les règles suivantes.

Les donations faites avant le mariage sont complètement libres. Les futurs époux peuvent se faire mutuellement toutes libéralités ; leur droit n'est restreint que par la légitime des enfants. C'était également le système usité à Rome.

Seul le Code de 1804 rompant avec les traditions a limité ce droit (1).

Cette liberté est affirmée dans les Établissements de Saint-Louis ; nous la retrouvons consacrée dans nos Coutumes.

Mais, une fois le mariage fait, les époux perdent, en principe, le droit de disposer en faveur l'un de l'autre.

Il va de soi que gratitude, amour, prévoyance sont des sentiments d'où peut jaillir *l'animus donandi*. Mais on peut craindre d'une part que ces donations ne soient démesurées, et, d'autre part, qu'elles ne soient pas suffisamment libres et sincères.

Toutefois cette considération ne se fit pas jour immédiatement ; jusqu'au XIIIe siècle, aucune prohibition

(1) Art. 1090. Toutes donations faites aux époux par leur contrat de mariage seront, lors de l'ouverture de la succession, réductibles à la portion dont la loi leur permettait de disposer.

n'apparaît encore et ce n'est que plus tard qu'elle fut traduite par le législateur en principe de droit positif.

En nous plaçant après la rédaction des Coutumes, voici les règles que nous trouvons dans la Marche.

Donations faites avant mariage

Les donations faites avant le mariage reçoivent leur plein et entier effet. Aucune restriction n'est apportée au droit des époux, qui peuvent se faire mutuellement toutes les libéralités que bon leur semble, sauf, bien entendu, la légitime aux enfants. C'est le droit commun.

Après le mariage, les donations sont interdites, à l'exception du don mutuel.

Nous allons développer et expliquer ces deux principes en comparant notre Coutume à celle d'Auvergne. Mais dans la crainte qu'un rapprochement incessant entre ces deux législations ne nuise à l'ordre et à la clarté de notre exposition, nous préférons faire connaitre d'abord le droit de l'Auvergne ; ensuite nous parlerons de celui de la Marche, en rappelant le premier au fur et à mesure qu'une comparaison s'imposera.

Coutume d'Auvergne

Le siège de la matière se trouve dans l'article 28, titre XIV : « Depuis que la femme est fiancée, elle est en la puissance de son fiancé au profit duquel, ni d'autre à qui il puisse succéder ne peut faire aucunes aultres donations, pactes ou dispositions que celles que par traité de mariage ont été accordées. »

Ainsi donc, la Coutume consacre pour la femme le droit de disposer en faveur de son futur mari, mais seulement jusqu'aux fiançailles. Cette singulière disposition est la conséquence de l'article 1er au même titre : « La femme mariée ou fiancée est en la puissance de son mari ou fiancé, excepté quant aux biens adventifs et paraphernaux, desquels elle est réputée mère de famille et dame de ses droits».

Ainsi donc, la femme tombe en puissance, non pas au moment du mariage comme partout ailleurs, mais au moment des fiançailles. Et, dès qu'elle est en puissance de son fiancé, elle perd ce droit de disposer en sa faveur, soit directement, soit par personnes interposées.

Jusque dans son contrat de mariage, elle peut lui faire les libéralités les plus étendues. Il faut que les dispositions aient été faites avant les fiançailles; peu importe d'ailleurs que l'*instrumentum* soit rédigé après ; mais elle ne peut, à la faveur de la liberté qui lui est laissée dans cet acte, y insérer une clause qui lui permette de disposer après le mariage en faveur de son mari. Tout ceci résulte des articles 26 et 27, titre XIV :

Art. 26 : « Tous pactes, advantages, donations entre vifs ou à cause de mort, convenances de succéder, soient mutuelles égales ou non et autres convenances quelconques faites et passées en traicté de mariage et en faveur d'iceluy par personnes capables à contracter, sains ou malades, valent et tiennent au profit des mariez et leurs descendans et saisissent lesdits mariez et leurs dits descendans les cas advenus. »

Art. 27 : « Et ont lieu tels pactes et convenances et autres dispositions apposées en contract de mariage et faveur d'iceluy posé qu'elles soient faites avant ou aprés les fiançailles, et se peuvent rédiger par escript aussi aprés le mariage, mais qu'il apparoisse suffisamment ce traicté avoir été fait auparavant. »

Cette grande liberté qui est laissée dans le contrat de mariage forme le droit commun ; Coquille prétend que c'est le droit français introduit par la loi salique. L'article 296 de la Coutume de la Marche est conforme. De même l'article 218 de la Coutume du Bourbonnais.

Cette liberté est plus étendue que dans les pays de droit écrit, lesquels ne permettent point qu'une dation d'hérédité puisse faire l'objet de pactes ou convenances (1). Et là nous voyons que dans la Coutume de Berry (art. 6 et 4, titre VIII), fidèle sur ce point aux principes du droit romain, les institutions d'héritier, faites dans le contrat de mariage, sont prohibées, ainsi que les donations entre vifs universelles. Mais elle admet la donation à cause de mort et la convenance de succéder en quelque chose.

Les mots « et aultres convenances quelconques » que nous rencontrons dans l'article 26 de notre Coutume doivent fixer notre attention : ne s'ensuit-il pas de là

(1) Contre cette théorie on fait valoir la *Novelle* 19 de l'empereur Léon suivant lequel la dation d'hérédité promise par le père à son fils qui se marie doit être respectée. On cite encore la loi finale *Cod de pactis* qui admet les pactes faits sur la succession d'un homme vivant pourvu que celui-ci y consente. *Commentaire de la Coutume d'Auvergne*.

que la restriction, apportée au droit de la femme de disposer en faveur de son mari, est frappée d'impuissance par l'apposition de ces simples mots ? La femme, en se mariant, ne peut-elle se réserver valablement, dans son contrat de mariage, le droit de disposer en faveur de son mari, pendant la durée du mariage ?

« La Coutume, dit le Commentaire, reçoit toutes sortes de conventions en traité de mariage et il semble qu'elle a mis en la main et en la puissance des mariés, le droit d'arrêter sa prohibition et ses dispositions. »

Il faut répondre négativement à la question : la Coutume de Bourgogne (1), il est vrai, autorisait une semblable clause (art. 7), mais Dumoulin blâme fort cette licence. Dans la Coutume de Berry (art. 1 du titre des mariages) Boerius soutient l'affirmative. Ce sont des exceptions et il faut refuser aux futurs époux ce droit exorbitant.

Ces sortes de réserves, dit encore le Commentaire, ne sont valables et ne peuvent être exécutées pendant le mariage, la femme n'ayant pas voulu ce qu'elle pouvait, qui est de donner en traité de mariage, et ne pouvant pas ce qu'elle a voulu, qui est de donner à son mari pendant la durée du mariage.

(1) Art. 7 de la Coutume de Bourgogne : « Le mari et la femme ne peuvent faire traicté, donation, confession, ni autres contracts, constant leur mariage par testament ni ordonnance de dernière volonté ni autrement au profit l'un de l'autre, si ce n'est du consentement des plus proches parens vivans qui devraient succéder au mari ou à la femme qui feraient lesdits traictés, donations ou contracts ; supposé que lesdits contrats ayent été vallés (validés) par serment, s'autrement par traicté de mariage il n'était entre eux convenu. »

Et le Commentaire ajoute : « *Quod est valde captiosum ad recludendam dispositionem juris communis et consuetudinis : Et certe licentiosa hæc conventio non debet passim admitti* ».

Il est donc acquis que le droit de disposer en faveur de son mari pendant la durée du mariage, et qui lui est dénié par la Coutume, ne peut lui être rendu par son contrat de mariage.

Puisque nous traitons des clauses qui peuvent être insérées dans le contrat de mariage, nous devons mentionner une disposition qui se retrouve souvent en Auvergne : Les parties déclarent qu'elles entendent se régir, pour les dispositions, moitié par droit écrit et moitié par la Coutume.

Faut-il voir là un moyen détourné d'éluder la loi ?

Tout d'abord, remarquons que cette clause est parfaitement admise en Auvergne. L'usage l'autorise et la jurisprudence est en ce sens. Mais encore faut-il l'entendre, et il faut se garder de croire, d'après une doctrine inexacte (soutenue par Me Prohet), « que, pour les dispositions, les biens situés en pays coutumier sont réputés moitié du droit écrit et que ceux du droit écrit sont censés pour la moitié se régir par la Coutume (1) ».

Ce n'est point le sens de cette clause. On peut bien renoncer à une partie de ses droits, on ne peut les étendre de sa propre autorité. Ce principe évident va nous permettre de déterminer la portée de la clause.

D'après le droit écrit, on peut disposer de tous ses biens à cause de mort, mais le droit coutumier restreint cette faculté au quart des biens.

Si donc une semblable clause a été insérée dans le contrat de mariage et qu'il y ait des biens situés dans les pays de droit écrit, elle aura relativement à ces biens

(1) *Commentaire de la Coutume d'Auvergne.*

son plein et entier effet. Pour la moitié d'entre eux, le propriétaire pourra les aliéner en totalité ; pour l'autre moitié, il ne pourra disposer que du quart. En définitive, il s'est privé du droit de disposer des trois quarts de la moitié de ses biens situés en pays de droit écrit.

Quel sera le régime des biens situés en pays coutumier ? Pour la moitié, et en exécution de la clause elle-même, il ne pourra disposer que du quart des biens qui constituent cette portion ; quant à l'autre moitié et par application du principe que l'on ne peut soi-même étendre ses droits, il ne pourra profiter du système de droit écrit (disposition de la totalité) et ses droits seront les mêmes que sur la première portion. L'effet de la clause se réduira donc à néant pour tous les biens qui se trouvent en pays coutumier.

Cette solution est la conséquence du principe que les dispositions contraires aux bonnes mœurs ou aux lois ne sont point valables (1).

Ainsi donc la Coutume qui permet de disposer librement jusqu'au mariage et qui établit des restrictions pour plus tard est absolue, et aucune disposition du contrat de mariage ne peut permettre de transgresser sa défense. Quelles sont au juste les règles qu'elle a portées sur les dispositions entre époux ?

C'est là un des côtés les plus originaux de cette Coutume d'Auvergne.

La femme, comme nous l'avons vu au début, ne peut disposer en faveur de son mari dès qu'elle est tombée

(1) Sur les théories des statuts réels négatifs simplement ou négatifs prohibitifs, voir le *Commentaire de la Coutume d'Auvergne*).

en sa puissance ; mais les prohibitions de faire des donations au conjoint ne s'appliquent pas au mari ; celui-ci peut gratifier sa femme, et lui faire toutes libéralités qu'il lui convient, son droit demeure entier et absolu, avant et après le mariage.

En effet nous lisons dans l'article 39 :

« Le mari constant le mariaige peut donner à sa femme tous et chacuns ses biens ou partie d'iceux, sauf la légitime aux enfants et sont telles donations, dispositions bonnes et valables par ladite Coutume. »

Cette législation est exceptionnelle, car d'après le droit commun les époux durant le mariage ne peuvent se faire aucune donation, hormis celle que l'on désigne sous le nom de Don Mutuel. C'est ce que nous lisons notamment dans l'article 290 de la Coutume de la Marche, dans l'article 226 de celle du Bourbonnais, dans l'article 27, chapitre III, de celle du Nivernais.

Il y a cependant une législation plus sévère encore que celle de l'Auvergne : celle du Berry. D'après l'article Ier, titre VIII, de cette Coutume, les époux ne peuvent, pendant la durée du mariage, se faire aucune disposition en faveur l'un de l'autre. Nous savons qu'en droit écrit les donations entre vifs n'étaient point permises entre époux (1).

Mais, à part ces exceptions, les époux ne peuvent dans l'ancien Droit français se faire aucune libéralité durant le mariage, sinon par donation mutuelle, et la

(1) Nous ne parlons pas des donations testamentaires ou à cause de mort, car ce que le droit romain avait entendu proscrire, c'était l'*irrévocabilité* des dons.

disposition de la Coutume d'Auvergne est tout à fait en dehors du droit commun.

Il est probable qu'il faut voir là une idée exagérée de la protection envers la femme, et une défiance excessive vis-à-vis de son mari.

Quoi qu'il en soit, les dispositions entre époux pendant la durée du mariage étaient régies par ce double principe : La femme ne peut aucunement disposer en faveur de son mari.

Le mari conserve le droit de disposer en faveur de sa femme comme avant le mariage. Toutefois sa liberté n'est pas absolue, elle est tempérée par une restriction relative aux seconds mariages.

Si le mari se remarie, il ne peut donner à sa seconde femme une part plus forte que celle revenant au moins prenant de ses enfants du premier lit. En effet, la jurisprudence a décidé que l'Edit des secondes noces s'appliquait aux maris comme aux femmes (Voir Thévenau sur l'Ordonnance, au titre des secondes noces).

Remarque.

De ce que la femme en puissance de son mari ou de son fiancé devient incapable de disposer en faveur de celui-ci, il ne s'ensuit aucunement que le contrat de mariage soit frappé de nullité, quant aux dispositions faites en faveur du mari par la femme, s'il a été fait après les fiançailles ou même après le mariage. La Coutume exige seulement que les conventions aient été faites antérieurement ; mais la rédaction peut être faite après.

Nous avons déjà cité l'article 27, titre XIV, qui consacre ce droit et qui est ainsi conçu :

« Et ont lieu tels pactes et convenances et autres dispositions apposées en contract de mariage et faveur d'iceluy posé qu'elles soient faites avant ou après les fiançailles, et se peuvent rédiger aussi par escript aussi après le mariage, mais qu'il apparoisse suffisamment ce traicté avoir été fait auparavant. »

Il est vrai que le dernier membre de phrase rend le reste inutile ou à peu près, puisque l'Ordonnance de Moulins et celle de 1667 ne permettent pas la preuve par témoins en matière excédant 100 livres (La 44e consultation de Duplessis, t. II, p. 282, donne des développements sur le cas du contrat rédigé après le mariage).

Ainsi donc, de notre étude sur la Coutume d'Auvergne, il ressort les conclusions suivantes :

Avant les fiançailles, époque à laquelle commence la puissance du futur mari sur la femme, les époux peuvent se faire mutuellement les libéralités les plus étendues.

Après, la femme perd absolument le droit de disposer en faveur de son mari, mais celui-ci conserve dans sa plénitude la faculté de faire des donations à sa femme.

Le don mutuel est donc inconnu en Auvergne.

COUTUME DE LA MARCHE

Les articles 287, 288, 294, 303 et 306 contiennent les principes relatifs aux dons entre époux avant et après le mariage. Nous trouvons un droit beaucoup moins original que celui de l'Auvergne ; la plupart des dispositions de notre Coutume forment le droit commun de la France. Toutefois, il y a un mélange de traditions coutumières et de souvenirs du droit romain, dû probablement à la situation géographique de la province. Mais le Commentaire de Jean Regnauld nous permettra d'entrer dans les détails et de pénétrer plus profondément dans sa vie juridique.

Et d'abord, jusqu'au mariage, liberté complète est laissée aux époux ; nous ne retrouvons pas de disposition analogue à celle de la Coutume d'Auvergne. Nous lisons, en effet, dans l'article 294 : « Entre personnes de franche condition, tous pactes, avantages, donations entre vifs ou à cause de mort, de quelque estimation qu'elles soient, universelles ou particulières, convenances de succéder, institution d'héritier et autres convenances et dispositions quelconques pures ou conditionnelles soient mutuelles égales ou non, faictes et passées en traicté de mariaige et par faveur d'iceluy par personnes capables à contracter, sains ou malades, valent et tiennent au profit des mariés et leurs descendans. Et saisissent les mariés et leurs descendans, les cas advenus, sauf toutefois le légitime aux enfants d'iceux qui font telles donations ou dispositions. »

Et dans l'article 296 : « La femme, ait son père ou non, est en la puissance de son mary dès qu'elle est mariée par parole de présent.... »

Ainsi donc, et par application du droit commun, la femme ne tombe en puissance que du jour du mariage, et jusqu'à ce jour les époux conservent la faculté de disposer en faveur l'un de l'autre.

Quelle est l'étendue de cette liberté? D'après les termes mêmes de l'article, *entre personnes de franche condition*, ce droit de disposition à titre gratuit est restreint aux hommes libres, *francs*, et dénié aux serfs ainsi qu'aux mortaillables. Les droits de ceux-ci sont réglés par les articles 146, 147 et 172 de la Coutume.

Article 146 : « L'homme qui tient héritage de serve condition ne peult vendre, donner, surcharger, ne aultrement aliéner, sans le congé de son Seigneur, ledict héritage qu'il tient de luy en droit de servitude par contract entre vifs ou par disposition ayant traict à mort et s'il faict le contraire, ce qu'il en a aliéné, doit être déclairé acquis audict Seigneur. »

Article 147 : « L'homme tenant l'héritage mortaillable ne peult vendre, permuter, surcharger ou aultrement aliéner par manière que ce soit l'héritage mortaillable, sans le congé de son Seigneur, si ce n'est à homme de semblable condition et de même Seigneurie dont dépend son héritage ; et, s'il fait le contraire, l'héritage ainsi vendu ou aliéné doit être déclaré acquis au Seigneur de qui il était tenu. »

Article 172 : « Tenans héritages, serfs ou mortaillables ne peuvent en contract de mariaige et faveur d'iceluy disposer de leurs biens au proffict d'autres que leurs enfants, qui peuvent leur succéder. »

La rédaction de notre article 294 pourrait porter à croire que la défense de disposer s'applique au serf ou au mortaillable pour tous ses biens ; cette conception ne serait pas absolument exacte ; il y a *indisponibilité* plutôt qu'*incapacité*, et c'est aux biens qu'ils tiennent du Seigneur *à titre de serfs ou de mortaillables* que s'applique la prohibition. Par conséquent, si les serfs ou les mortaillables possèdent des biens francs, ils en peuvent valablement disposer. Au reste, la vente volontaire est seule prohibée et non la vente forcée (saisie, par exemple), mais ici la distinction n'a pas d'intérêt.

Quoique les articles 146 et 147 paraissent conçus dans des termes à peu près identiques et semblent édicter les mêmes défenses, il y a toutefois une différence en faveur du mortaillable.

Tandis que le serf ne peut disposer « par contract entre vifs ou par disposition ayant trait à mort, sans le congé de son Seigneur », le mortaillable « ne peut aliéner par quelque manière que ce soit » sans la même autorisation. Or, les Commentaires qui voyaient d'un mauvais œil cette prohibition « odieuse et contraire à la liberté », tenaient qu'elle visait seulement les donations entre vifs, et que c'était là le sens des mots *en quelque manière que ce soit*. Par conséquent, les dispositions à cause de mort ou testamentaires échapperaient à la défense.

L'article 172 permet aux serfs et mortaillables de disposer en contrat de mariage en faveur de leurs enfants capables de leur succéder. Ce qui exclut les bâtards (article 220). La Coutume du Bourbonnais, article 208, contient une disposition analogue. Mais il faut étendre le bénéfice de cette faculté à leurs neveux, petits-fils et autres descendants *quia liberorum nomine veniunt*. On prétend même qu'ils pouvaient disposer, à défaut d'enfants, au profit de leurs parents communs capables de leur succéder ; d'ailleurs, toutes ces dispositions ne sont pas, à proprement parler des aliénations.

Les donations faites par les père et mère en contrat de mariage ne sont pas soumises à l'insinuation, pourvu toutefois qu'elles n'excèdent pas la portion revenant à chacun des enfants ; dans le cas contraire, l'insinuation est requise pour tout ce qui dépasse cette part (Voir Louet, lettre D, chap. LXI).

L'article 210 de la Coutume décide que : « Aucun soit noble ou roturier ne peut par testament ou autre disposition ayant traict à mort disposer de ses biens, sinon en la tierce partie ou au dessoubs ». L'article 294, plus large, n'établit aucune limitation de ce genre (1). Le Commentaire fait remarquer la faveur qui s'attachait

(1) Mais si le survivant avait des enfants d'un autre lit, la donation est réductible par l'Édit des Secondes noces de 1560.

dans notre ancien droit, au contrat de mariage et le rapproche du testament que les Romains entouraient de privilèges ; mais ils interdisaient toute institution d'héritier par acte entre vifs.

Outre les restrictions qui résultent de l'apposition des mots « entre personnes de franche condition », notre article édicte quelques incapacités.

Les personnes non capables de contracter, en effet, sont : d'abord les mineurs de vingt-cinq ans, qui ne peuvent donner leur bien à des étrangers. Toutefois, par contrat de mariage, les futurs époux peuvent se faire des libéralités, pourvu qu'elles ne soient pas excessives ; on tenait compte dans l'appréciation du don qu'ils se faisaient l'un à l'autre, de leur qualité, de l'usage. D'ailleurs, la présence et le consentement des parents étaient requis. A leur défaut celui du curateur (Voir Louet, lettre C, chap. XXVIII, et lettre M, chap. IX).

L'insensé ne peut disposer de ses biens, sinon pendant les intervalles lucides ; de même, le prodigue interdit.

Les morts civilement ne peuvent disposer de leurs biens, non plus que recueillir des donations ou des successions « étant par la Condamnation retranchés de la vie civile ».

En ce qui concerne la légitime, la question se posait de savoir si elle se devait régler d'après le Coutume de Paris : *ad mediam partem bonorum quæ quis habiturus esset ab intestato*, ou suivant le droit commun (au tiers, s'il y a quatre enfants ou moins, la moitié, s'il y en a cinq ou davantage).

Il fut décidé que la Coutume de Paris, sur la question de la légitime, n'avait d'empire que dans ses limites ; en effet, cette disposition ne fut prise que dans la nouvelle Coutume, article 298, et auparavant le droit romain était observé (Arrêt de Blois, mai 1611).

A ce propos, rappelons que François Ier, par lettres patentes, déclara que pour la Marche (1), dans le silence de la Coutume, on suppléerait à l'aide des principes du droit romain.

Sans entrer dans les détails, rappelons que c'était la grande question de savoir si, dans le silence des textes, il convenait de se référer aux principes du droit romain ou à ceux de la Coutume de Paris. En faveur de cette dernière opinion, on invoquait un passage du *Digeste* qui dispose « que dans les provinces, à défaut de loi écrite ou de Coutume locale, on appliquait la Coutume de Rome, capitale du Royaume ». Le même caractère devait, disait-on, appartenir en France à la Coutume de Paris, capitale du Royaume (2). Cette solution finit par triompher sauf, bien entendu, pour les Coutumes qui, ayant prévu expressément le cas, renvoyaient au droit romain.

Les conventions matrimoniales sont immuables une fois faites, et le changement de domicile ne change pas les conventions du contrat. Ainsi, dit Jean Regnauld, si les mariés quittent la province de la Marche pour venir en Poitou, ils ne deviennent pas communs.

Nous ne pouvons abandonner la matière des dons

(1) De même pour l'Auvergne, le Bourbonnais, etc.
(2) Vaquette. *Principes d'histoire de droit.*

avant mariage sans dire quelques mots d'un gain de survie qui fait l'objet de l'article 306 ainsi conçu :

« Ce qui est donné par forme de gain nuptial qu'on appelle au pay « Logres » du traité de mariage ne gist point en restitution. »

Ce mot de Logres ne se trouve que dans cet article ; il vient de *lucrum, gain*. Dans le cartulaire de l'Abbaye de Bonlieu on rencontre à plusieurs reprises les mots *locre, logre* ; il était encore usité en 1521, époque de la rédaction de la Coutume ; depuis il est tombé en désuétude.

Dans le sens où il est pris en l'article 306, il désignait un don réciproque que les futurs époux se faisaient, le prémourant au survivant. « Ce dernier, dit le Commentaire, reprend donc le profit du gain nuptial sur les biens du prédécédé avec une hypothèque du jour du contrat de mariage. Il est d'usage que le gain nuptial donné par le futur soit le double de celui donné par la future ; que le gain nuptial sera réduit par la survenance d'enfants ; qu'il n'aura aucun effet en cas de convol de la part du mari ou de la femme s'ils ont des enfants de leur mariage. » Toutefois, ce dernier caractère ne devait pas être bien fixe, car le Commentaire de Jean Regnauld dit : « Ce gain nuptial est affecté, quant à la propriété, aux enfants descendants de ce mariage par l'Edit des Secondes noces et ils le peuvent prendre quoiqu'ils ne soient héritiers du père ni de la mère. »

En disposant que cette libéralité « ne gist point en restitution », la Coutume entend ceci :

En vertu de l'article 305, les biens dotaux, après la

dissolution du mariage, font retour à la femme ou à ses héritiers.

Le présent article contient une exception en ce qui concerne la portion de la dot qui serait donnée par la femme à titre de gain nuptial au mari survivant. Cette portion ne reviendrait pas à la femme ou à ses héritiers. Elle revient au mari survivant, comme le lit, les bagues, les joyaux.

Nous avons terminé l'étude des restrictions apportées au droit des futurs époux de disposer en faveur l'un de l'autrs avant mariage; droit qui, sous les réserves que nous venons d'indiquer, était absolu. Le Commentaire prévoit même et autorise la communauté de tous biens présents. Mais il est probable qu'elle était peu usitée, car il ne mentionne aucune solution de jurisprudence qui soit relative à une semblable clause. Le droit romain était trop profondément entré dans les mœurs de la province.

Nous pouvons donc considérer que jusqu'au mariage, suivant les termes mêmes de la Coutume, « mari peut donner à sa femme en faveur et traicté de mariage à temps ou à perpétuel ce que bon lui semblera de son meuble ou héritage et *contrà*. » Art. 287.

DONS ENTRE ÉPOUX

PENDANT LA DURÉE DU MARIAGE

Nous lisons dans l'article 288 de notre Coutume : « Si, après le mariage consommé, mari et femme font donation mutuelle l'un à l'autre, telle donation est valable pourvue qu'elle soit égale ; et s'il y avait inégalité sera réduite à égalité, sauf toutefois la légitime aux enfants. Et toute autre donation entre vifs faite entre eux durant et constant leur mariage est nulle et de nulle valeur. »

Défense absolue de se faire des donations durant le mariage ; exception toutefois pour le don mutuel, tel est le principe dans la Marche. Ce principe forme d'ailleurs le droit commun.

C'était une bien vieille institution que celle du don mutuel. Nous la trouvons déjà dans la loi des Francs Ripuaires.

La loi Ripuaire, dans ses deux titres 48 et 49, décide nettement que deux époux peuvent en mariage se faire donation par acte entre vifs de tous leurs biens, mais seulement à titre viager et s'ils n'ont pas d'enfant. Il n'y a pas moins de trois formules de ces libéralités dans Marculfe (liv. II). Or, quelle est l'inspiration visible de cette donation ? C'est d'être une donation réciproque et d'affectueuse prévoyance ; mais c'est aussi d'être un don de gratitude envers le collaborateur et le compagnon de l'existence. De plus c'était un don de jouissance seulement : à quoi bon dépouiller la famille légitime ?

Un tel don était irrévocable ; il devait se faire par un seul et même acte ; mais la loi des Francs, si elle prévoyait le don mutuel, n'interdisait par les autres.

Il faut dépasser le XIII° siècle pour voir la prohibition des dons entre époux s'établir sous l'influence et l'autorité du droit romain. L'esprit du moyen âge se modifie. Les motifs de sentiment font place aux raisons d'intérêt et de précaution. La crainte de voir passer les propres de l'un à l'autre époux, directement ou indirectement, se développe. Et le droit romain reparaît alors en dominateur pour seconder ces idées.

Les caractères du don mutuel étaient très variable suivant les Coutumes. Mais, avant tout, il devait être réciproque et égal, il était irrévocable. De plus, dans les Coutumes de Paris et d'Orléans, il devait se borner à l'usufruit et encore fallait-il que les époux n'eussent pas d'enfants.

Nous nous bornons à rappeler que notre Coutume de la Marche, aussi sévère sur ce point que celle d'Auvergne, proscrit toute clause du contrat de mariage qui aurait pour objet de réserver aux futurs époux le droit de se faire séparément des dispositions. Nous entendons parler des donations entre vifs, car les dispositions testamentaires furent autorisées, après controverse, toutefois. Un arrêt de Montfort du 28 mai 1585 trancha la question. Il ne leur reste absolument que le don mutuel. Nous allons examiner ses caractères principaux.

La première condition, qui est d'ailleurs de droit commun et que nous retrouvons dans la Marche, est que les dons doivent être rigoureusement égaux, et quant à leur objet et quant aux chances d'en recueillir le bénéfice. Il faut donc que les conjoints soient tous deux en bonne santé pour qu'ils aient la capacité de disposer entre vifs. Il ne faut point, par conséquent, que l'un ou l'autre soit atteint de la maladie dont il doit mourir ou qu'il soit dans un état qui lui interdise de disposer autrement qu'à cause de mort ou par testament. C'est exiger aussi que les époux soient du même âge, ou tout au moins que la disproportion ne soit pas trop forte.

D'ailleurs la jurisprudence paraissait interpréter assez largement ces principes. C'est du moins ce qui nous paraît résulter de quelques décisions que nous avons sous les yeux.

Une donation mutuelle fut confirmée au profit du mari dans les conditions suivantes : sa femme avait accouché dix fois avant terme, et lors de la donation elle était enceinte d'un treizième enfant. Elle accoucha six mois plus tard et mourut huit jours après des suites de ses couches. Arrêt du 14 mai 1648.

De même furent confirmées des donations mutuelles entre époux lorsque le mari avait douze et treize ans de plus que sa femme. Toutefois il ne faudrait pas exagérer, et si l'un des conjoints était vieux et valétudinaire, l'autre jeune et robuste, il faudrait conclure à l'inefficacité de don mutuel « *quia non est æqualis donatio*

ex personæ conditione et probabili eventus contingentia. »
Mais si les deux conjoints sont malades, ils peuvent faire un testament mutuel, et le prémourant disposer du tiers de ses biens en faveur du survivant.

Et, toujours pour assurer l'égalité parfaite, si la donation mutuelle se trouve faite sous condition, cette condition doit s'appliquer à l'une et à l'autre, et en même temps être également avantageuse pour les deux époux (Voir Ricard, *Don mutuel*, 132 et 133).

Mais s'il y a inégalité du don mutuel quant aux biens, il n'est pas nul, mais seulement réductible à égalité, sauf toutefois la légitime aux enfants (1).

Le second caractère du Don mutuel est l'irrévocabilité. Pour la lui assurer on exige qu'il soit soumis à l'insinuation; le Commentaire ajoute « qu'il est à propos que la donation mutuelle soit publique, crainte que le mary n'en abuse, quoiqu'elle passe pour être à titre onéreux ». Nous reviendrons sur ce caractère.

En conséquence, l'une ou l'autre des parties ne peut revenir sur sa donation pour la révoquer (2). Cependant si toutes les deux y donnent leur consentement, la révocation est admise (3). Cette faculté ne doit pas être étendue aux donations faites en contrat de mariage. Mais encore faut-il que les deux époux soient en bonne santé. C'est ainsi que fut annulée une révocation faite par les deux conjoints, pendant une maladie de la femme dont celle-ci mourut. Et cependant le mari avait

(1) Ricard, *Don mutuel*, n° 223.
(2) Ricard, *Don mutuel*, n° 230.
(3) La révocation des donations n'est pas soumise à l'insinuation.

donné son consentement (Arrêt du 15 février 1585).

Ce caractère d'irrévocabilité est si inflexible qu'il ne cesse pas même dans le cas de survenance d'enfants. Nous savons pourtant que certaines Coutumes ne permettent le don mutuel que dans l'hypothèse d'un mariage sans enfants. En la Marche, on avait très sagement décidé que ce don ne serait pas révoqué par la survenance d'enfant; sauf, bien entendu, si, le cas étant expressément prévu, les époux avaient stipulé le contraire. Mais la loi ne prononçait que la réduction si cette libéralité entamait la légitime des enfants. Cette disposition excellente était motivée probablement par la crainte de diminuer la fécondité des mariages et aussi par cette idée, qui se retrouve çà et là, que le Don mutuel n'est pas à proprement parler une véritable donation, mais bien plutôt un acte à titre onéreux, *permutatio est potius quam donatio* (Voir l'art. 221 de la Coutume de Bretagne). Mais les auteurs ne paraissent pas bien assurés qu'il constitue un acte à titre onéreux, précisément parce qu'il est soumis à l'insinuation. Cette formalité était exigée dans l'intérêt de la femme et en vue de la protéger. Il va de soi que le consentement du mari n'était pas requis pour que la femme pût disposer par donation mutuelle (1).

Une difficulté s'était élevée à propos de ce caractère gratuit ou onéreux : l'homme pouvant se marier à quatorze ans, la femme à douze, que décider si l'un ou l'autre des époux ou tous les deux ensemble étaient mineurs? *Quid si vir minor vel ambo minores*, dit Du-

(1) Ricard, *Don mutuel*, nos 47 et suivants.

moulin sur l'article 155 de l'ancienne Coutume de Paris, 261 de celle du Maine, 162 de celle de Blois.

Ce jurisconsulte pensait que le Don mutuel est un acte à titre onéreux plutôt que gratuit. Aussi prétendait-il que la donation mutuelle faite par des conjoints mineurs était parfaitement valable. *Nihilominus puto indistincte quod valent quia non est alienatio sed negotium utriusque utile non continens alienationem sed meliorem conditionem.* La jurisprudence était en ce sens.

Enfin, il faut que les deux donations soient faites dans un seul et même acte, ce qui est conforme au Droit commun. Mais ici encore, la jurisprudence, interprétant largement les principes, admettait la validité des deux donations si elles étaient faites en considération l'une de l'autre.

Telles étaient les règles appliquées en la Marche relativement à la constitution et aux conditions de validité du Don mutuel. Il s'ouvrait lors du décès de l'un des époux, c'est-à-dire à sa mort naturelle, non point à sa mort civile. On prévoyait un cas de déchéance : celui où le mari tuait sa femme surprise en adultère. Dans cette hypothèse, il ne pouvait se prévaloir du Don mutuel « ni prétendre le gain nuptial, ni autres conventions. »

Remarque.

« Art. 303. — Femme peut disposer de ses biens paraphernaux ou adventifs par titre onéreux durant son mariage sans autorité de son mari. Mais à titre lucratif, elle n'en peut disposer entre vifs à personne quelconque, sinon en faveur de mariage ou par donation mutuelle à son mari. »

Ayant ainsi examiné les dispositions des Coutumes d'Auvergne et de la Marche, nous devons faire ressortir les ressemblances et les différences de ces législations.

Avant le mariage, dans l'une et l'autre Coutume, les époux peuvent se faire des libéralités les plus étendues, leur droit n'est borné que par l'obligation de laisser aux enfants leur légitime. C'est le Droit commun de la France.

Mais en la Marche la femme conserve ce droit intact jusqu'au moment de la célébration du mariage; en Auvergne, elle le perd au moment des fiançailles. Cette différence est due à ce que la puissance maritale commence au jour des fiançailles en Auvergne, au jour du mariage en la Marche.

Cette disposition de la Coutume d'Auvergne était un souvenir du mariage par paroles de présent, qui d'ailleurs avait été connu autrefois en la Marche, puisque l'article 296 est ainsi conçu : « La femme est en la puissance de son mari dès qu'elle est mariée par *paroles de présent.* »

Il faut seulement, dans les deux provinces, que les futurs époux aient la capacité de contracter.

Une fois le mariage conclu en la Marche, ou les fiançailles célébrées en Auvergne, les principes changent.

En ce qui concerne les dispositions entre vifs au profit du conjoint, elles sont permises au mari et défendues à la femme en Auvergne. Cette règle doit être considérée comme exceptionnelle dans notre ancien Droit qui, d'une façon générale, autorisait seulement le Don mutuel; cette défense faite à la femme est d'autant plus singulière qu'elle peut disposer à titre gratuit de ses biens adventifs ou paraphernaux à tout autre qu'à son m ari.

Dans les autres Coutumes elle pouvait gratifier son mari à la faveur du Don mutuel (1). Une pareille sévérité étonnait les Commentateurs qui ne savaient à quels motifs l'attribuer. Masuer lui-même, le vieux Coutumier de la province qui a laissé tant de travaux sur la législation, est muet sur la question.

En la Marche, toute espèce de disposition entre conjoints est prohibée sous la réserve du Don mutuel.

Si nous passons aux libéralités testamentaires ou à cause de mort, nous retrouvons en Auvergne la défense de disposer qui est faite à la femme pour les dons entre vifs.

Le mari peut toujours disposer en faveur de sa femme et même par donation à cause de mort. Mais, conformément aux règles générales qui régissent ce mode de disposition, il ne peut donner que le quart de ses biens; s'il avait voulu lui faire une libéralité de ce genre plus étendue, il aurait dû la consentir dans son contrat de mariage. Tout ceci résulte des articles 12 et 16 du titre XIV de la Coutume.

(1) La *Coutume de Chauny* était cependant plus sévère encore; dans son article 3, titre XII, elle défendait aux mariés de disposer en faveur l'un de l'autre par testament ou autrement.

Art. 12 : « Toutes donations ou dispositions faites à cause de mort ou prenant effet par la mort du disposant, soient mutuelles, égales ou non se réduisent et ne valent que pour la quarte partie des biens dudit disposant. »

Art. 16 : « Toutefois telles donations et dispositions valent et tiennent en deux contrats, c'est à savoir en contrat de mariage et d'association universelle. »

Dans la Marche nous trouvons une défense de disposer qui vise uniquement les deux actes entre vifs. On en a conclu *a contrario* que les donations à cause de mort étaient permises. Jean Brodeau qui a commenté la Coutume nous dit qu'ayant pris des informations, il sut que tel était l'usage. La jurisprudence est en ce sens.

D'ailleurs cet argument *a contrario* a d'autant plus de force qu'il a été ajouté après coup dans la Coutume.

En effet nous lisons dans le procès-verbal :

« Sur le deux cent nonantième article commençant par ces mots : *Si après le mariage consommé* — du consentement desdits trois États a été ajouté après ces mots : *Et toutes autres donations* — les mots : *entre vifs*.

La faculté de disposer en faveur l'un de l'autre à cause de mort qui est donnée aux deux époux dans la Marche, au mari seulement en Auvergne, constitue une exception dans notre ancien Droit français. Ce genre de libéralité était prohibé parce qu'il se heurtait à la vieille maxime franque. « Donner et retenir ne vaut ». Sur ce point, nos deux Coutumes s'étaient nettement inspirées du Droit romain.

(1) Voir la Coutume du Bourbonnais, art. 266.

Car il est bien certain que les Romains n'ont jamais considéré le mariage comme excluant les libéralités entre époux. Ce que les Romains ont voulu rejeter c'est l'irrévocabilité. Et cela était logique avec un mariage aussi instable que le mariage romain. Mais c'était là un régime de défiance et à aucun moment les Romains n'ont eu la préoccupation de proscrire les libéralités de quotité illimitée. Ils ont seulement défendu l'*irrévocabilité* de ces libéralités. C'est que, faute de lien plus solide dans le mariage, il n'était pas mauvais de tenir son conjoint par l'espoir d'une confirmation suprême ou d'une révocation

La sévérité du Droit français (qui prohibait les donations à cause de mort entre époux) se justifie par ses règles en ce temps. Admettre des donations essentiellement révocables, c'eût été se heurter à une vieille maxime : Donner et retenir ne vaut. Et permettre le testament c'était permettre des fraudes, sans compter que le vieil esprit des Francs a toujours été antipathique au testament et aux discordes dont il était l'origine.

Vu *par le Président de la Thèse,*
CH. LEFEBVRE.

Vu : *le Doyen,*
GLASSON.

Vu et permis d'imprimer,
Le Vice-Recteur de l'Académie de Paris,
GRÉARD.

TABLE DES MATIÈRES

Paris, Imp. Jousset, 8, rue de Furstenberg.

www.ingramcontent.com/pod-product-compliance
Ingram Content Group UK Ltd.
Pitfield, Milton Keynes, MK11 3LW, UK
UKHW021114260726
13994UKWH00002B/878

9 782329 399010